volume 2

de.ri.va.ção e pro.du.ção de ter.mos com.ple.xos: o ge.run.di.vo no por.tu.guês

com.ple.xi.da.de /CS/ *s.f.* (1836 cf. sc)
le.xi.cal /CS/ *adj.2g.* (1899 cf. cf) LING
e teoria de classes de palavras

volume 2

de.ri.va.ção e pro.du.ção de ter.mos com.ple.xos: o ge.run.di.vo no por.tu.guês

Luiz Antonio Gomes Senna

EDITORA intersaberes Rua Clara Vendramin, 58 · Mossunguê · CEP 81200-170 · Curitiba-PR · Brasil
Tel.: (41) 2106-4170 · www.intersaberes.com · editora@editoraintersaberes.com.br

Conselho editorial
  Dr. Ivo José Both (presidente)
  Drª. Elena Godoy
  Dr. Nelson Luís Dias
  Dr. Neri dos Santos
  Dr. Ulf Gregor Baranow

Editora-chefe
  Lindsay Azambuja

Supervisora editorial
  Ariadne Nunes Wenger

Analista editorial
  Ariel Martins

Análise de Informação
  Eliane Felisbino

Revisão de texto
  Alex de Britto Rodrigues

Capa
  Roberto dos Santos Querido

Projeto gráfico
  Bruno Palma e Silva
  Regiane Rosa

Diagramação
  Fabiana Edições

Iconografia
  Danielle Scholtz

Dados Internacionais de Catalogação na Publicação (CIP)
(Câmara Brasileira do Livro, SP, Brasil)

Senna, Luiz Antonio Gomes
  Derivação e produção de termos complexos: o gerundivo no português / Luiz Antonio Gomes Senna. – 1. ed. – Curitiba: InterSaberes, 2012. – (Coleção Complexidade Lexical e Teoria de Classes de Palavras; v. 2).

  Bibliografia.
  ISBN 978-85-8212-210-5

  1. Português – Gramática 2. Português – Verbos 3. Português – Verbos – Conjugação I. Título II. Série.

12-08518   CDD-469.5

Índices para catálogo sistemático:
1. Conjugação de verbos: Português: Linguística 469.5
2. Verbos: Conjugação: Português: Linguística 469.5

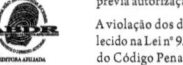

1ª edição, 2012.

Foi feito o depósito legal.

Informamos que é de inteira responsabilidade do autor a emissão de conceitos.

Nenhuma parte desta publicação poderá ser reproduzida por qualquer meio ou forma sem a prévia autorização da Editora InterSaberes.

A violação dos direitos autorais é crime estabelecido na Lei nº 9.610/1998 e punido pelo art. 184 do Código Penal.

su.má.rio

VOLUME II

Derivação e produção de termos complexos: o gerundivo no português

prefácio à coleção . 13

símbolos e convenções . 19

capítulo um . Um problema complexo . 25

1.1 . História dos gerundivos . 31

capítulo dois . O perfil funcional do morfema /-ndo/ . 37

2.1 . Tratamento tradicional de /-ndo/ . 40

2.2 . O gerundivo como flexão verbal . 48

2.3 . Os gerundivos em confronto com as demais classes . 53
    2.3.1 . Classes a que o gerundivo pode pertencer . 55
        2.3.1.1 . O gerundivo e o substantivo comum . 55

    2.3.1.2 . O gerundivo e o verbo . 56
    2.3.1.3 . O gerundivo e o advérbio de modo . 57
    2.3.1.4 . O gerundivo e os ordinais . 57
  2.3.2 . Classes a que o gerundivo se assemelha . 57
    2.3.2.1 . O gerundivo e os adjetivos essenciais . 58
    2.3.2.2 . O gerundivo e o intensificador . 59
    2.3.2.3 . O gerundivo e o advérbio de tempo . 60
    2.3.2.4 . O gerundivo e os termos coesivos . 62
    2.3.2.5 . O gerundivo e Prep4 . 63
    2.3.2.6 . Os gerundivos e as classes QU-, REL e QU-A . 63

2.4 . /-ndo/ como marca de subordinação . 67

capítulo três . Analisando o fato /-ndo/: um estudo morfossintático . 71

3.1 . Tratamentos de motivação sintática . 76
  3.1.1 . Hipótese transformacionalista . 76
  3.1.2 . Hipótese lexicalista . 80

3.2 . Tratamentos de motivação morfológica . 91
  3.2.1 . Regras de redundância . 93
  3.2.2 . Regras morfológicas e regras interpretativas . 97
  3.2.3 . Generalização do princípio aos adjetivos e outras classes . 99
  3.2.4 . Regras não marcadas por traços categoriais . 104

3.3 . Regras de redundância e formas gerundivas . 110
  3.3.1 . Regras de Análise Estrutural (RAEs) . 116

3.4 . /-ndo/ como marca de subordinação . 128
3.5 . A classe dos gerundivos e o morfema /-ndo/ . 131

capítulo quatro . Considerações finais . 141

4.1 . Síntese geral . 147

notas . 153
referências . 157
índice remissivo . 163
nota sobre o autor . 179

VOLUME I

Teoria geral de classes de palavras

prefácio à coleção
símbolos e convenções

capítulo um . Classes de palavras: um problema complexo

capítulo dois . As classes de palavras na doutrina gramatical

2.1 . As classes na Antiguidade
    2.1.1 . A base filosófica do nome, do verbo e do *logos*
    2.1.2 . A gramática com fins práticos de Dionísio: a morfologia

2.2 . As classes nas gramáticas normativas
    2.2.1 . A transitoriedade e as classes de palavras

2.3 . Problemas com as classes de palavras atuais
    2.3.1 . Problemas de transitoriedade
    2.3.2 . Classes abundantes
    2.3.3 . Classes disjuntas e vínculo necessário

capítulo três . Classes de palavras e traços nocionais

3.1 . Critérios de classificação de palavras
    3.1.1 . Traços nocionais e hierarquia pré-contextual
    3.1.2 . Caso gramatical
    3.1.3 . Sintagmas e categorias-barra

3.2 . O menor conjunto de traços classificatórios

capítulo quatro . Algumas classes de palavras do português

4.1 . Classes substantivas
    4.1.1 . Substantivo comum: N
    4.1.2 . Substantivo próprio: NPr
    4.1.3 . Verbo: V

4.2. Classes qualificativas
    4.2.1. Adjetivos qualitativos: ADJQ
    4.2.2. Adjetivos essenciais: ADJE
    4.2.3. Possessivos: Poss
    4.2.4. Advérbios de modo: MODO
    4.2.5. Intensificadores: Intens
    4.2.6. Advérbios modalizantes: MODAL
    4.2.7. Advérbios de negação: NEG

4.3. Classes que indicam extensão
    4.3.1. Delimitadores: DEL
    4.3.2. Quantificadores indefinidos: QUANT
    4.3.3. Numerais cardinais e fracionários: NUM
    4.3.4. Ordinais: ORD
    4.3.5. Deflectores: DEFL

4.4. Classes que indicam tempo e espaço
    4.4.1. Advérbios de tempo: T
    4.4.2. Advérbios de lugar: E

4.5. Classes que indicam extensão e situação
    4.5.1. Demonstrativos: DEM
    4.5.2. Artigos definidos: ADEF
    4.5.3. Artigos indefinidos: AIND

4.6. Pronomes substantivos
    4.6.1. Pronomes pessoais: PROP
    4.6.2. Pronomes de tratamento: PROT
    4.6.3. Pronomes híbridos: PROH

4.7. Pronomes conectivos
    4.7.1. Pronomes interrogativos: PROI
    4.7.2. Pronomes relativos: REL

4.8. Recursos gramaticais
    4.8.1. Conjunções coordenativas: +
    4.8.2. Conjunções integrantes: QU-
    4.8.3. Preposições 1: Prep1
    4.8.4. Preposições 2: Prep2
    4.8.5. Preposições 3: Prep3

4.9 . Recursos gramaticais coesivos
    4.9.1 . Preposições 4: Prep4
    4.9.2 . Conjunções adverbiais: QU-A

4.10 . Classes coesivas
    4.10.1 . Marcadores coesivos: COES

capítulo cinco . Concluindo: o potencial descritivo das classes
               e o caso dos gerundivos

capítulo seis . Síntese geral do volume

notas
referências
índice remissivo
nota sobre o autor

VOLUME III

Complexidade lexical e subclassificação de palavras: os verbos

prefácio à coleção
símbolos e convenções

capítulo um . Subclassificação e hierarquização de classes de palavras

capítulo dois . Subclassificação dos verbos a partir da sintaxe

2.1 . Padrões sintáticos e esquemas de transitividade verbal
    2.1.1 . Padrões sintáticos verificados

2.2 . Padrões sintáticos reduzidos

2.3 . Conclusões parciais

capítulo três . Subclassificação dos verbos a partir da semântica

3.1 . Subclasses semânticas
    3.1.1 . Operações existenciais
    3.1.2 . Operações dinâmicas
    3.1.3 . Operações biológicas e afetivas
    3.1.4 . Operações semióticas e verbais
    3.1.5 . Operadores causativos
    3.1.5 . Operadores de deslocamento
    3.1.7 . Operações de natureza social
    3.1.8 . Operações mentais
    3.1.9 . Operações de ações qualificadas
    3.1.10 . Operações indicadoras de duração

3.2 . Aspectos semânticos: conclusões parciais

capítulo quatro . Subclasses semânticas e fatores lógico-semânticos

4.1 . Semântica e avaliação das classes propostas

4.2 . Aspectos lógico-semânticos

4.3 . Avaliação das classes propostas
    4.3.1 . Subclasses em situação regular
    4.3.2 . Subclasses em situação irregular
    4.3.3 . Subclasses e idiossincrasias lexicais

4.4 . Quadro final de classes atualizadas

4.5 . Conclusões parciais

capítulo cinco . Subclasses de predicadores verbais e complexidade lexical

5.1 . Subclasses como bases dos gerundivos

notas
referências
índice remissivo
nota sobre o autor

prefácio
à coleção

A história da linguística moderna de certo modo confunde-se com a história dos estudos sobre a mente humana, algumas vezes não se distinguindo claramente os limites de uma e de outra. Entre os séculos XIX e XX, apesar da aparente especialização de que resultariam as ciências modernas tal como as vimos concebendo até hoje, a linguística – a exemplo das demais ciências do homem – inaugura uma série de estudos sobre a problemática da descrição das línguas naturais, tendo por motivação hipóteses sobre a engenharia do pensamento, ora mais, ora menos, explicitamente relacionadas a modelos sobre o funcionamento da mente humana. Uma das questões essencialmente motivadoras nas teorias de descrição gramatical desenvolvidas nesse período relacionava-se com a apresentação de alternativas cientificamente adequadas para a problemática da descrição da língua oral, até então desprezadas, seja pela inadequação dos suportes acadêmicos diante das peculiaridades da fala, seja pelo preconceito que desde a Antiguidade impusera a escrita como única fonte fidedigna de dados linguísticos.

Para os estudos relativos à fala, concorreriam, todavia, fatores os mais diversos (desde orientações acadêmicas a orientações sociológicas), cujas imposições redundaram na idealização de um modelo de oralidade concebido à luz do conceito de padrão linguístico, supostamente arrolado como unidade comum entre as inumeráveis manifestações da fala cotidiana. O conceito de padrão linguístico – manifesto em algumas doutrinas sob o título de *falante-ouvinte ideal* – ofereceria à pesquisa em teoria da gramática a ilusão acadêmica de operar sobre uma hipótese abstrata de língua corrente, muitas vezes, em consequência disso, em um movimento de reforço à estigmatização da fala, à medida que os padrões tomados como parâmetro na idealização dos sistemas gramaticais moldavam-se invariavelmente com base em pressupostos historicamente consagrados como adequados ao uso social.

O conceito de padrão, já no século XX, passa por quatro grandes fases que ilustram, todavia, um gradual declínio do estigma que pesara sobre a fala, a saber: (i) o conceito vigente no período clássico do estruturalismo, no qual o padrão se determinava através do resgate das estruturas já prenunciadas na tradição dos estudos gramaticais, desse modo tomando a materialidade da fala como objeto de desvio ou erro, comprometido ora com as apresentações de explicações sobre os princípios de funcionamento e representação mental da gramática tradicional, ora com a descrição de estados mentais associados ao condicionamento social, trazidos à linguística pela psicologia comportamental; (ii) o conceito vigente na doutrina gerativista, no qual o padrão seria instituído em cooperação com o conceito de aprendizibilidade e tomaria a intuição do falante como parâmetro de discernimento entre o que poderia, ou não, constar de um sistema capaz de ser gerado e operado pela mente; (iii) o conceito, já bem modificado pela noção de discursividade, introduzido pelos estudos sobre o discurso, em que a ideia de padrão gramatical se substitui pela ideia de padrão de adequação discursiva, à luz do princípio de que cada esfera de relação social determina regras específicas de uso da língua, fragilizando, desse modo, consideravelmente a concepção de um sistema gramatical com regras fixadas com base em um só parâmetro de discurso, tal como nos casos anteriores; (iv) finalmente, o conceito mais fraco, derivado dos estudos etnográficos introduzidos pela sociolinguística quantitativa, no interior da qual o padrão consistiria tão somente em um esquema de tendências no sistema gramatical, capazes de revelar, tanto a materialidade do estado de uso de determinado conjunto de falantes de uma língua, como os princípios regentes de variações possíveis (e irremediáveis) nos sistemas gramaticais.

A linguística jamais foi a mesma após a teoria da variação. O inimaginável provara-se, então, possível: a descrição dos fatos da língua oral e os princípios que permitissem explicar e antever as variações, ao mesmo tempo sincrônicas e diacrônicas, que marcam a natureza essencial dos sistemas falados. Todavia, em que pese ter sido revolucionária a determinação de condições para a análise e descrição das variações linguísticas – um passo decisivo para a aproximação das ciências da linguagem com a materialidade da fala humana –, um fator perdurou como impedimento para que se pudesse agregar a fala à teoria da gramática, qual seja: o conceito de sistema, que é a base primeira para a elaboração de modelos teóricos com pretensões explanatórias e não meramente descritivistas. A superação desse fator resultaria, entretanto, bem mais custosa do que a própria superação do conceito de padrão gramatical, na medida em que sua solução não residiria no interior das ciências da linguagem – ou mesmo das ciências humanas, isoladamente das demais –, mas sim na revisão de princípios ordenados na base fundamental da cultura científica.

Uma reorientação dos estudos linguísticos no sentido de levá-los a uma relação mais próxima com as propriedades de sistemas como o das línguas orais demandaria a adoção de um conceito de sistema que pudesse incorporar tanto os fatores que, internamente, possibilitassem variações, quanto os fatores externos que fossem condicionantes de algum modo, facultando ao falante a possibilidade de intervir sobre o sistema, dele se apropriando e sobre ele impulsionando transformações não raramente idiossincrásicas. Sistemas linguísticos regidos simultaneamente por regras internas e por regras externas introduzidas pelo falante não estavam, contudo, previstos em qualquer arranjo teórico previamente arrolado, nem pela linguística, tampouco por qualquer outra ciência, uma vez que – por tradição teórico-metodológica – cada sistema se descreve como uma unidade em si mesma, sob condições de previsibilidade integralmente dadas e sob isolamento de outros sistemas cuja natureza não seja regida pelas mesmas regras ou por regras afins. Assim, restaria à linguística encarar o problema da descrição da fala como um horizonte cientificamente intangível, cuja materialidade não se poderia capturar exceto por meio de aproximações ideativas ou descrições isoladas com pouca chance de apresentar explicações relevantes para o estudo teórico da representação mental dos sistemas gramaticais.

No último quarto do século XX, inúmeros movimentos acadêmicos insurgiram-se contra a aparente passividade da cultura científica ante os limites que lhe foram impostos pela concepção de sistema logicamente organizado. A exemplo disto, a Teoria do Caos (com impacto sobre as físicas e as matemáticas), a Teoria da Complexidade (com forte impacto sobre a própria antropologia das práticas científicas modernas), as teorias agregadas ao construtivismo baseado nas contribuições de Lev Vygostky e estudos sobre a materialidade do cotidiano biossocial (na sociologia e na ecobiologia) concorreriam para que se formulassem novas alternativas de compreensão do fenômeno mental resultante da cognição humana, em muito contribuindo para que se viesse a tomar o conceito de sistema sob uma concepção processual e temporalmente determinada. Surgiria, com base nisso, um conceito de sistema tomado como um todo em que as partes operam e interferem solidariamente umas nas outras, não apenas sob princípios universais, mas, também, sob condicionamentos individuais e idiossincrásicos determinados pelo contexto derivado de sua aproximação a outros sistemas não necessariamente homogêneos.

A ideia de sistema fechado e linear passaria a concorrer com a ideia de sistemas complexos, abertos ao estabelecimento de relações com diferentes contextos e à absorção de propriedades que lhe transformem e, até mesmo, reestruturem-lhe em um novo e inédito sistema. Trata-se, então, de uma concepção que supera o princípio da geração, este com base no qual os linguistas gerativistas buscavam explicar o modo como o falante se apropria do sistema gramatical para gerar frases inéditas e sob cujas orientações formou-se propriamente a cultura de uma teoria da gramática. Comparativamente aos gerativistas, os sistemas complexos admitem que a criatividade do falante opere tanto sobre as frases geradas pelas regras já existentes, quanto sobre as próprias regras, permitindo-se que o sistema como um todo se organize, dinamicamente, em processo.

A dinamicidade dos sistemas gramaticais não é um conceito recente na linguística, já formalmente anunciado tanto nos estudos históricos que precederam o estruturalismo no século XIX, quanto no estruturalismo, através da percepção de uma relação irrecorrível entre estudos diacrônicos e sincrônicos. Entretanto, buscava-se descrever o aspecto dinâmico dos sistemas gramaticais – sua temporalidade material, portanto – na linguística moderna através da comparação em cadeia de uma série de sistemas sincronicamente descritos, de modo tal que era sugerido ser possível tratar de cada momento histórico particular como um sistema isolado das transformações que, na realidade, lhe são inerentes, tanto diacrônica como sincronicamente. Assim, ainda que supostamente capazes de capturar a dinamicidade de sistemas complexos como a fala, os estudos baseados em descrições sincrônicas referentes a sistemas fechados jamais seriam capazes de descrever as propriedades que objetivamente concorrem para as mudanças perceptíveis numa perspectiva diacrônica e, ao mesmo tempo, dificilmente poderiam ser arrolados como base confiável parareflexões acerca das funções e regras efetivamente empregadas pelos falantes da língua, tendo em vista que tais regras e funções são, elas próprias, as responsáveis pela complexidade dos sistemas linguísticos.

Esta coleção, publicada em três volumes, descreve um esforço teórico-descritivo que busca integrar à gramática traços de sistemas complexos aplicados à análise lexical. A opção pelo léxico e, daí, pelas classes de palavras, deveu-se, sobretudo, ao fato de o arranjo de procedimentos e categorias arroladas no processo de seu tratamento teórico estar necessariamente comprometido com a totalidade dos aspectos constitutivos dos sistemas gramaticais e, ao mesmo tempo, com todos os recursos – intra e extragramaticais – dos quais os falantes dispõem para manter o léxico em constante processo de reformulação. Nos dois primeiros volumes, seleciona-se o caso das palavras gerundivas da língua portuguesa e, em face de sua complexidade, analisa-se o impacto sobre os procedimentos com que se estabelecem classes de palavras. O estudo assinala a necessidade de que a teoria da gramática tome o sistema da língua como uma unidade, desse modo assumindo como princípio o fato de que a descrição dos diversos componentes gramaticais jamais resulte em arranjos cuja adequação não se possa atestar, transversalmente, entre as descrições dos demais componentes. Tal pressuposto – que atinge centralmente, aqui, os limites e as relações entre a sintaxe, a morfologia, a semântica e a pragmática –

é retomado no terceiro volume, quando se analisam procedimentos de subclassificação de predicadores verbais. O estudo apresentado, que particulariza questões previamente discutidas nos dois primeiros volumes, assinala a impossibilidade de se operacionalizar o princípio de classes de palavras em rotinas de descrição léxico-funcional, sem se ter em conta que – mesmo se motivado por questões de ordem lógico-semântica – não se pode avançar na identificação das partes do discurso sem o emprego de traços de diferentes naturezas gramaticais em relação de solidariedade.

Trata-se um trabalho em favor de que se aproximem os estudos linguísticos de dinâmicas dos sistemas gramaticais com que se processam os mecanismos de complexização das línguas naturais em sua forma oral, temporal e sujeita à interferência constante dos sujeitos, seus usuários correntes. Isso vai em direção, portanto, a um modelo de descrição gramatical baseado na concepção de sistemas complexos, sujeitos ao controle de traços determinados pela intencionalidade do falante (aqui chamados *traços nocionais*), cuja prerrogativa se impõe sobre a forma de expressão.

Luiz Antonio Gomes Senna

sím.bo.los e con.ven.ções♦

*	Usado antes de uma frase, indica agramaticalidade.
??	Usado antes de uma frase, indica inadequação semântica ou discursiva.
≈	Indicativo de equivalência, lê-se como "equivale a".
⟺	Em regras gramaticais, gráficos ou diagramas, indica que dois termos são funcionalmente equivalentes.
↔	Em regras gramaticais, indica a relação funcional ou interpretativa entre dois termos.
→	Em regras gramaticais ou cadeias descritivas, indica relação de causalidade ou hierarquia; em regras de reescrita frasal, indica a forma estrutural de uma posição sintática.
/- xx /	Notação utilizada para representar morfemas de qualquer espécie.
[... ...]	Em regras descritivas, indica que uma ou mais partes encontram-se suprimidas.
$^0[...^1[...^2[...]^2...]^1...]^0$	Em descrições frasais, índices numéricos acima dos colchetes, ou abaixo, indicam fronteiras de sintagmas ou posições-barra.

♦ O uso de maiúsculas e minúsculas nos símbolos e nas convenções é baseado nos padrões adotados nas áreas da filosofia e da linguística.

® / ⊗	Traços descritivos empregados na análise de subclasses verbais cujos padrões sintáticos possam, respectivamente, ser / não ser reduzidos a termo através de operações de apagamento de complementos; no caso particular dessas subclasses, o traço ⊗ também é empregado para indicar uma classe geradora de ambiguidade descritiva.
[+]	Junto a traços distintivos ou categoriais, indica que o termo apresenta a propriedade; junto a classes, indica que todos os termos associados apresentam a propriedade.
[-]	Junto a traços distintivos ou categoriais, indica que o termo não apresenta a propriedade; junto a classes, indica que nenhum dos termos associados apresentam a propriedade.
⊕	Junto a classes, indica que quase todos os termos associados apresentam a propriedade.
⊖	Junto a classes, indica que quase todos os termos associados não apresentam a propriedade.
∅	Categoria vazia – indica uma entrada gramatical não preenchida lexicalmente na sentença, tal como no caso dos sujeitos desinenciais.
$X_{[+A]}$	Qualquer categoria que apresente o traço distintivo [+A].
[+ lugar onde]	Traço nocional que integra o campo da predicação: substância que determina um ponto no espaço cognitivo em que se referencia a predicação.
[+ fim]	Traço nocional que integra o campo da predicação: substância que indica a causa de uma predicação.
[+ ponto em T]	Traço nocional que integra o campo da predicação: substância que determina um ponto no tempo cognitivo em que se referencia a predicação.
para Z	Em morfologia derivacional, indicam o efeito interpretativo de um derivado, em que Z é o significado redundante no radical.
devendo ser Z-do	
tão Z quanto	
lugar onde Z	
modo como Z	
Z = {... ...}	O conjunto de todas as propriedades possíveis com que opera a mente humana no processo de representação.
[+Z]	Qualquer propriedade com que opera a mente humana no processo de representação.
#se	Pronome reflexivo.

:S	Indica uma sentença encaixada na oração sem marca de subordinação.	
[+A] [±A] [-A]	Traços categoriais de propriedade funcional adjetiva marcados, respectivamente, como "contém", "pode ou não conter", "não contém".	
[+N] [±N] [-N]	Traços categoriais de propriedade funcional nominativa marcados, respectivamente, como "contém", "pode ou não conter", "não contém".	
[+P] [±P] [-P]	Traços categoriais de propriedade funcional subordinativa ou outra operação tipicamente gramatical, marcados respectivamente, como "contém", "pode ou não conter", "não contém".	
[+V] [±V] [-V]	Traços categoriais de propriedade funcional verbal marcados, respectivamente, como "contém", "pode ou não conter", "não contém".	
[+X]	Notação genérica de um traço categorial ou distintivo.	
[SN]	Sintagma nominal.	
[Sx]	Notação genérica de sintagmas, cuja denominação varia conforme o tipo de categoria que figura como núcleo sintático.	
$[X]^v$ ou $[X]_v$	Qualquer termo que se assemelhe a um verbo.	
$[X]^{[+Y]}$ ou $[X]_{[+Y]}$	Indica qualquer termo que apresente um traço categorial ou distintivo determinado.	
+	Isolado, fora de colchetes ou não acompanhado de traço distintivo ou categorial, indica a conjunção coordenativa.	
A e $\overline{\text{A}}$	Respectivamente, posição-A, posição estrutural que recebe caso (Comp), e posição-$\overline{\text{A}}$, posição estrutural que não recebe caso (Espec).	
Comp e Espec	Na Teoria da Regência e Vinculação, respectivamente, posição de complemento e posição de especificador.	
ABL	Caso gramatical ablativo.	
Aç.	Categoria lógica da representação do conhecimento sobre a ação cognitiva em si.	
ACU	Caso gramatical acusativo.	
ADEF	Artigo definido.	
Adj	Adjetivo.	
ADJE	Adjetivo essencial.	
ADJQ	Adjetivo qualitativo ou qualificador.	
AIND	Artigo indefinido.	
Art	Artigo.	

COES	Marcador coesivo.	
DAT	Caso gramatical dativo.	
DEFL	Pronome deflector.	
DEL	Pronome delimitador.	
DEM	Pronome demonstrativo.	
DET	Determinante.	
E	Advérbio de lugar.	
RAE	Em morfologia derivacional, Regra de Análise Estrutural.	
Fís.	Categoria lógica da representação do conhecimento sobre a realidade tangível.	
Indef	Pronome indefinido.	
Intens	Intensificador (advérbio).	
MODAL	Advérbio modalizante.	
MODO	Advérbio de modo.	
N	Substantivo.	
NEG	Advérbio de negação.	
NOM	Caso gramatical nominativo.	
NPr	Substantivo próprio.	
NUM	Numeral cardinal ou fracionário.	
ORD	Ordinal.	
POSS	Pronome possessivo.	
PROH	Pronome híbrido.	
PROI	Pronome interrogativo.	
PROP	Pronome pessoal.	
PROT	Pronome de tratamento.	
Psi.	Categoria lógica da representação do conhecimento sobre a objetividade afetiva.	
QU-	Conjunção integrante.	
QU-A	Conjunção adverbial.	
QUANT	Quantificador indefinido.	
REL	Pronome relativo.	
RFP	Em morfologia derivacional, Regra de Formação de Palavras.	
RRL	Em morfologia derivacional, Regra de Redundância Lexical.	

S	Sentença.	
Símb.	Categoria lógica da representação do conhecimento sobre a consciência simbólica.	
Soc.	Categoria lógica da representação do conhecimento sobre o valor sociocultural.	
T	Advérbio de tempo.	
V	Verbo.	
SA	Usa-se genericamente para qualquer sintagma em função determinante, seja um SAdv ou um SAdj.	
SAdj	Sintagma adjetivo.	
SAdv	Sintagma adverbial.	
SN	Sintagma nominal.	
SV	Sintagma verbal.	
$\bar{V}$	Categoria-barra controlada por um verbo.	
$\bar{N}$	Categoria-barra controlada por um substantivo ou assemelhado.	
$\bar{X}$	Notação genérica de uma categoria-barra.	
$\bar{\bar{X}}$	Categoria-barra que se projeta sobre outra categoria-barra situada em nódulo imediatamente inferior.	
$X \rightarrow Y$	Em morfologia derivacional, indica a condição de reciprocidade.	
X^0	Notação genérica de uma projeção que se ramifica em um único termo pertencente à mesma categoria "x".	
$X\{... S ...\}$	Tipo de complemento verbal que se estrutura como uma sentença plena, ou seja, com modo, tempo e aspecto próprios, ou, se escalar, regendo caso a Comp.	

ca.pí.tu.lo
um

Um problema complexo

As classes de palavras constituem um problema de grande interesse para os estudos gramaticais, porque representam um instrumento imprescindível para a descrição sintática. Mais do que simplesmente um grupamento de palavras, essas classes reúnem termos que compartilham as mesmas propriedades morfossintáticas e semânticas, e que, consequentemente, tendem a ser empregados na sentença de maneira similar, no que tange à distribuição, função etc. A descrição sintática utiliza classes de palavras com a finalidade de diminuir o custo necessário para descrever a estrutura de todas as sentenças possíveis dentro de uma mesma língua. Sem classes, a descrição sintática deveria propor uma regra descritiva para cada sentença possível na língua; com as classes, porém, a descrição sintática consegue projetar a estrutura possível das sentenças da língua empregando um número bastante reduzido de rótulos que indicam tipos de palavras.

Devido ao papel das classes de palavras no processo de descrição sintática, existe uma relação imediata entre a qualidade da descrição sintática e a qualidade do conjunto de classes de palavras considerado pela gramática. Por isso, é possível afirmar que o sucesso de uma rotina de descrição gramatical depende essencialmente da teoria acerca de classes de palavras em que tal rotina descritiva se embasa e da qual extrai as classes com que vai operar. Nas últimas décadas, tem se observado um incremento substancial no desenvolvimento de rotinas de descrição sintática, haja vista os diferentes modelos descritivos derivados de doutrinas gramaticais as mais diversas. Quanto às classes de palavras, todavia, parece não haver o mesmo tipo de desenvolvimento.

Até a presente data, salvo casos esporádicos, a teoria subjacente às classes de palavras parece não ter evoluído na mesma proporção em que evoluíram as rotinas descritivas. Em síntese, predomina, ainda, um conjunto de classes de palavras que toma por base os estudos linguísticos realizados na Antiguidade Clássica (tais princípios serão pormenorizados no Capítulo 2). O único empenho teórico, no século XX, que trouxe algum tipo de consequência para o conceito usual de classe de palavras foi a Teoria $\overline{X}$[1]. Essa teoria, porém, não foi suficientemente explorada para que se pudessem propor modificações no conjunto usual de classes de palavras. Na medida em que os estudos tradicionais nem sempre têm princípios compatíveis com os princípios subjacentes às doutrinas descritivas modernas, dá-se que as classes de palavras vêm sofrendo sistematicamente ajustes aleatórios que visam, exclusivamente, a promover uma adequação precária das classes às necessidades de cada doutrina em que são empregadas. Em consequência disso, convivemos atualmente com uma série de distorções acerca tanto da noção de classe de palavra, quanto da real definição de cada uma das classes. Diante desse estado de coisas, fica patente a necessidade de se modificar a situação marginal da teoria acerca de classes de palavras, sob pena de vir a ser bastante improvável que se possa prosseguir adequadamente na busca de uma rotina de descrição sintática que surta efeitos verdadeiramente eficazes.

É polêmica a definição de "efeitos verdadeiramente eficazes" de uma rotina de descrição sintática. Em princípio, os critérios defendidos em Chomsky (1980a [1957], p. 54-55) como objetivos de uma teoria linguística – mais tarde em Chomsky (1965, p. 100-130), referendados como justificativas para teorias gramaticais, bem como os critérios para avaliá-las – podem ser uma boa medida, mesmo sem se considerar o aspecto transformacional inerente a essa fase dos trabalhos da Teoria Gerativa. Em síntese, os aspectos citados são:

- adequação externa, de modo que a gramática gere ou trate de fatos que os falantes aceitem como "frases da língua";
- generalidade, de modo que os princípios que embasam uma gramática particular façam parte de uma teoria que possa construir outras gramáticas particulares;
- adequação interna, de modo que uma gramática dada baste e seja suficiente para que um falante não nativo possa aprender a utilizar as regras da língua alvo.

Ainda que se possam considerar esses três critérios uma boa medida para avaliar uma gramática, isso não significa que se pretenda seguir aqui uma linha gerativista. A despeito do que Chomsky (1965) apresenta, sua definição de gramática é carregada de uma visão conceptualista da linguística, que não se mostra adequada aos objetivos que buscamos cumprir aqui[2]. Em *Syntatic structures*, Chomsky (1980a [1957], p. 54) admite que "uma gramática da língua L é essencialmente uma teoria de L". Mais adiante (1980a [1957], p. 54-55), acrescenta, ainda, que "o problema consiste em desenvolver e clarificar os critérios para a seleção de uma gramática correta de cada língua, isto é, a teoria correta dessa língua". A definição conceptualista de gramática é questionada, hoje, por impedir que a linguística possa verdadeiramente construir uma gramática efetiva de línguas naturais. Nesse sentido, Katz (1985, p. 172) indaga: "O que é uma gramática, uma teoria científica sobre uma língua natural, uma teoria sobre?". Compactuando com sua indagação, proponho-me, neste trabalho, a realizar um estudo voltado para uma concepção realista de gramática (cf. Katz, 1985). Nessa concepção, as medidas de avaliação passam a ser as seguintes:

- adequação externa, de modo que a gramática seja capaz de descrever as sentenças reais da língua portuguesa, incluindo-se, aí, tanto aquelas que têm perfeita isomorfia com sua representação lógica, quanto aquelas que sofreram reduções por força de mecanismos mentais;
- generalidade, de modo que os princípios subjacentes à gramática do português expliquem fenômenos gerais das línguas naturais;
- adequação interna, de modo a assegurar a condição de aprendizibilidade[3] e a perfeita harmonia entre as diferentes partes da gramática.

O trabalho que ora começo a expor é comprometido, ao mesmo tempo, com aspectos teóricos relativos à proposição de classes de palavras e com a proposição de parte de uma possível gramática realista da língua portuguesa. Meu objetivo com essa teoria é estabelecer um conjunto de procedimentos metodológicos, através dos quais se possa tratar das classes de palavras, de maneira que:

- seja preservada a harmonia entre os componentes morfológico e sintático da gramática;
- sejam estabelecidos critérios para hierarquizar traços classificatórios e inserir – ou retirar – classes de palavras no conjunto usualmente empregado na descrição gramatical;
- sejam consideradas todas as possibilidades de uso real das palavras da língua, numa perspectiva complexa, que toma o sistema da língua como sujeito a determinações que lhe são impostas pelas intenções comunicativas dos falantes.

A língua portuguesa tem inúmeros fenômenos que justificam a busca por uma teoria acerca das classes de palavras. Entre eles, um é especialmente interessante por apresentar peculiaridades que favorecem a demonstração de praticamente todos os aspectos a se considerar numa teoria sobre classes de palavras. Trata-se das palavras que apresentam o morfema */-ndo/*.

Partindo da problemática relativa ao modo como se podem definir classes de palavras, apresento adiante um estudo sobre a natureza funcional do morfema /-ndo/. Nesse estudo, serão colocadas em evidência questões concernentes à dificuldade de se descreverem e classificarem vocábulos que apresentam esse morfema nos termos das classes de palavras hoje empregadas. A partir daí, discutirei, também, o fato de que o tratamento dado a esse morfema deve ser capaz de garantir que o estudo das palavras a ele relacionadas seja absorvido pela sintaxe e pela morfologia, sem prejuízo da adequação interna no corpo da teoria da gramática. Ao mesmo tempo, estou interessado em assegurar que o tratamento do morfema /-ndo/ explique a formação de certo tipo particular de palavras, de modo compatível com os procedimentos através dos quais se descrevam outros tipos de palavras. Com essa medida, desejo garantir que o estudo que realizarei a seguir não seja restrito à solução de um tipo específico e exclusivo de palavras, mas sim um estudo sobre um fenômeno lexical que se pode abordar no mesmo nível em que se analisam as demais palavras.

Dando-se que um dos impedimentos para que se possa tratar do fenômeno gramatical causado por /-ndo/ encontra-se no tipo de procedimento empregado na classificação de palavras, tornou-se condição para o estudo que desejo realizar uma investigação preliminar sobre modos dessa classificação. Por esse motivo, antes de entrar na análise de /-ndo/, apresentei no Volume 1 considerações acerca de um procedimento de classificação de palavras. Dessas considerações, formulei o esboço de uma teoria sobre classes de palavra com a qual pudesse discutir questões pertinentes aos termos do português que apresentam fenômenos gramaticais complexos como o morfema /-ndo/.

Para designar as palavras que contêm o morfema /-ndo/, vou empregar o termo *gerundivo*, baseando-me nos motivos que exponho na próxima seção deste capítulo. Ora funcionando como verbos, ora como adjetivos, ora como advérbios, ou, ainda, substantivos, os gerundivos tendem a contrariar tudo o que se pode estabelecer teoricamente a partir das classes de palavras tradicionais. Desse modo, tal tipo de palavras dificilmente pode ser adequadamente tratado em rotinas de descrição sintática que empreguem classes de palavras tradicionais.

Para solucionar o problema descritivo decorrente dos termos gerundivos do português, é necessário decidir, em primeiro lugar, se tais vocábulos constituem, ou não, uma classe de palavras independentes no léxico. Para que isso seja feito, entretanto, é necessário que se analise cuidadosamente a natureza funcional do afixo /-ndo/ na língua portuguesa, a fim de que não se crie uma classe de palavra que só tenha espaço dentro de uma teoria acerca de classes de palavras, e não na gramática da língua. Eis aí a razão de este volume concentrar-se no campo da morfologia, em busca de explicações sobre a natureza funcional do morfema /-ndo/ na língua portuguesa. A classificação de /-ndo/ como sufixo, desinência ou algo afim é a chave para a resolução do problema dos gerundivos.

Com base na teoria de classe de palavras defendida no Volume 1, apresento nos próximos capítulos uma série de discussões que me permitirão afirmar, por conclusão, que os gerundivos não apenas se comportam como uma classe de palavras suigêneris, como também, e principalmente, constituem uma classe independente de vocábulos no léxico do português. Até que tal conclusão possa ser de fato sugerida, percorro um caminho que passa pela discussão sobre como confrontar o gerundivo a um conjunto ideal de classes de palavras, indo até o levantamento das condições de uso que os orientam. Discuto, ainda, a existência de um tipo de morfema no português que não se identifica com nenhum outro, seja desinência ou sufixo, e que, dadas as suas peculiaridades, resulta na formação de vocábulos com comportamento gramatical igualmente singular.

O tipo de estudo acerca da natureza de morfemas da língua que me proponho a realizar não é inédito na literatura. Outros tipos de questionamentos similares já foram apresentados ultimamente, porém, aqui, tratarei, particularmente, do morfema /-ndo/ e do impacto que as diversas abordagens possíveis para esse morfema acarretam para a teoria da gramática.

1.1
História dos gerundivos

O termo *gerundivo* não é nenhum neologismo criado por mim com a finalidade de definir um objeto particular de estudos. Por isso, é necessário esclarecer o que, exatamente, estou compreendendo como gerundivo, de modo a não pairarem dúvidas acerca do meu objeto de investigação. Ao optar por esse termo, baseei-me em fatos que se verificam no latim clássico e no processo histórico da língua portuguesa.

No latim clássico, o verbo, além de se flexionar em diversos tempos verbais, poderia, ainda, assumir diversas formas nominais. Entre essas formas, havia o gerúndio e o gerundivo. Como se sabe, no latim clássico, o caso gramatical[4] exerce um papel imprescindível, seja quanto à forma dos vocábulos declináveis em caso, seja quanto à sua interpretação semântica. Tanto o gerúndio quanto o gerundivo latinos também sofrem influência do caso. Vejamos cada situação isoladamente[5].

O gerúndio latino é uma flexão verbal, considerada como pertencente ao conjunto das formas da voz ativa e, também, da depoente. Sua forma estrutural e interpretação semântica podem variar conforme o caso gramatical em que se declina. Do mesmo modo, o caso também reflete diferenças quanto às funções sintáticas que podem exercer na sentença.

Quanto à forma estrutural, o gerúndio latino pode se apresentar de três maneiras:

i. [radical] + [$V^{ogal}\ T^{emática}$] + /-ndo/, quando declinado no ablativo e no acusativo, apresentando, então, a mesma forma que os chamados gerúndios do português;
ii. [radical] + [$V^{ogal}\ T^{emática}$] + /-nd-/ + /-i/, quando declinado no genitivo;
iii. [radical] + [$V^{ogal}\ T^{emática}$] + /-ndum/, quando declinado no dativo.

Quanto às interpretações semânticas e às funções exercidas pelos gerúndios latinos, temos as seguintes:

- interpretado como uma oração do português reduzida de infinitivo, quando declinado no dativo (equivalente a "para Z") e no genitivo (equivalente a "de Z"); em ambos os casos contrai a função de adjunto adnominal;
- interpretado adverbialmente com aspecto cursivo (tal como no português), quando declinado no ablativo, contraindo, portanto, a função de adjunto adverbial.

A tradição gramatical afirma que o gerúndio, no português, deriva da forma ablativa do gerúndio latino, assim considerando tanto sua forma estrutural, quanto a função predominantemente adverbial que se costuma atribuir ao gerúndio na língua portuguesa[6].

O gerundivo latino apresenta características bastante diferentes das que foram apresentadas no caso anterior. Não sujeito a declinações específicas, o gerundivo latino recebe desinências de gênero e número – tal como uma forma nominal –, às quais se aplicam declinações conforme o caso, comportando-se como uma palavra de natureza nominal. Quanto à forma estrutural, o gerundivo latino pode se apresentar como:

[radical] + [V^{ogal} T^{emática}] + /-nd-/ + /-us/ (masculino; singular)
[radical] + [V^{ogal} T^{emática}] + /-nd-/ + /-a/ (feminino; singular)
[radical] + [V^{ogal} T^{emática}] + /-nd-/ + /-um/ (neutro; singular)

Todas as modificações estruturais decorrentes de mudança de número ou declinações dão-se sobre as desinências /-us/, /-a/ e /-um/. Quanto aos aspectos sintático e semântico, os gerundivos latinos são igualmente singulares em comparação com os gerúndios.

O gerundivo latino é considerado como uma das formas da voz passiva dos verbos, estando, portanto, sempre relacionado ao objeto direto da forma verbal a ele relacionada. Sintaticamente, funcionam, predominantemente, como predicativos, embora possam substituir o gerúndio no latim clássico, quando este se encontra acompanhado de seu objeto direto. A interpretação semântica dos gerundivos latinos é correspondente à seguinte paráfrase do português: "devendo ser Z-do", ratificando, assim, sua posição entre as formas passivas do verbo. Em princípio, essa flexão verbal do latim clássico não chegou ao português, tendo se perdido juntamente com outras formas flexionais, como o particípio presente, por exemplo. Todavia, muitos vestígios do gerundivo latino ainda se encontram no português contemporâneo, como veremos adiante.

Outra característica bastante relevante do gerundivo latino é o fato de que ele forma nomes abstratos, do mesmo modo como os sufixos portugueses /-agem/, /-ção/, /-mento/ etc. Essa tendência da desinência do gerundivo a funcionar como sufixo vai permitir o surgimento, no latim clássico, de dois sufixos que formam adjetivos a partir de verbos: *-bundus* e *-cundus*, mais tarde introduzidos no português (cf. Oiticica, 1942, adiante em 2.1). Esses dois sufixos são aplicados a verbos cuja forma gerundiva não existe em razão de não serem sujeitos a apassivamento (sobretudo verbos intransitivos). Todos esses fatos foram de certo modo introduzidos no português como herança de sua origem latina. Entretanto, alguns fatos merecem menção.

Indiscutivelmente, o gerúndio português parece ter a forma do gerúndio latino no ablativo, mas isso não significa exatamente que tenha herdado essa forma latina, uma vez que, no processo evolutivo do português, deu-se o apagamento da distinção entre as desinências do gerúndio e do gerundivo latinos. Efetivamente, no português, há apenas a forma /-ndo/, tanto para os casos em que há nítido emprego do gerúndio, como nos casos em que se poderia ter um gerundivo. Muitos gerundivos latinos terminados em /-ndus/ entraram no português com a forma /-ndo/, por força de transformações fonológicas, tornando-se, assim, idênticos às formas do gerúndio latino no ablativo. Não é possível, portanto, afirmar que todas as formas gerundivas do português tenham provindo do gerúndio latino, já que muitas derivaram, também, do gerundivo latino.

O português latino-americano difere em muito do português europeu quanto ao uso do gerúndio. Na Europa, são comuns expressões do tipo *Estou a cantar*, que substituem as formas latino-americanas equivalentes (*Estou cantando*). À primeira vista, pode-se imaginar que o português latino-americano usa o gerúndio herdado do latim clássico, enquanto que o português europeu não o faz, substituindo-o pelo infinitivo. Esse, porém, é um caso curiosíssimo. Na realidade, o português europeu utiliza uma estrutura semanticamente correlata a um gerúndio latino (observa-se que o gerúndio latino é semanticamente equivalente a um infinitivo português). Já as estruturas portuguesas como *estou cantando*, típicas do português brasileiro, correspondem, do ponto de vista sintático, a gerundivos latinos em posição de predicativo. Sua interpretação semântica, porém, é equivalente à interpretação do gerúndio latino no ablativo. Esse caso demonstra ter havido, no português, uma confluência morfossintática e semântica entre o gerundivo e o gerúndio latinos. É até possível dizer que a forma do gerundivo português tenha nos chegado como herança do gerúndio latino declinado no ablativo. Entretanto, o português latino-americano não o emprega sempre de modo similar a um gerúndio latino. As estruturas do tipo de *estou cantando* – {*verbo de ligação* + *predicativo*} – demonstram-se tipicamente como gerundivos latinos em posição de predicativo. Essa é a evidência que sugere ter havido um cruzamento semântico – funcional das formas latinas do gerúndio e do gerundivo.

Outro fenômeno a reforçar a evidência de que o gerúndio e o gerundivo latinos confundem-se no português é a existência de certas formas do português que, mesmo tendo se originado de gerúndios latinos, passaram a receber marcas de gênero ou número – uma característica típica dos gerundivos. É o caso de termos como *examinando* e *vivenda*, por exemplo.

Esse caso de perda de distintividade, aliás, não é recente. Mesmo no latim clássico, a distinção funcional entre gerúndio e gerundivo é sujeita a situações de anulamento, tal como se verifica no fato de o gerundivo poder ser empregado em lugar do gerúndio, quando seguido de complemento. No português, porém, a situação se expande, uma vez que o morfema /-ndo/ é empregado indiscriminadamente em contextos, ora tipicamente gerundivos, ora tipicamente gerundiais. Um exemplo de contextos tipicamente gerundivos é o caso das expressões do tipo *estou cantando*, já citado acima. Um exemplo de contexto tipicamente gerundial é o caso de formas do tipo *essa casa caindo* ou, ainda, o caso de expressões com valor tipicamente adverbial, tal como em *comer andando faz mal*.

Outro fator veio a contribuir ainda mais para que gerúndio e gerundivo latinos viessem a se confundir no português. Trata-se do fato de que as formas latinas de /-ndo/ (próprias do gerúndio) e /-ndus (-a; -um)/ (própria do gerundivo) passaram, no português, a ser idênticas, uma vez que a desinência /-us/ (de gênero masculino) evoluiu para /-o/ e a desinência /-um/ (de gênero neutro) desapareceu. Logo, nossa língua passa a conviver com duas formas fonologicamente idênticas (/-ndo (-a; -s)/ e /-ndo/) e, aparentemente, empregadas de maneira similar.

Todavia, por força da tradição gramatical, baseada em estudos latinos, ambas as formas continuam sendo classificadas de maneiras diferentes: /-ndo/ – desinência verbal; /-ndo (-a; -s)/ – sufixo. No próximo capítulo, pormenorizo essa questão e analiso as vantagens e desvantagens de se tratar /-ndo/ como um só morfema, ou como dois ou mais morfemas distintos entre si.

A situação do morfema /-ndo/ no português contemporâneo sugere ter o problema dos gerundivos dimensões bem maiores do que se pode supor pelo termo *gerúndio*, usualmente empregado para se referir a uma das formas flexionais do verbo. Soluções teóricas exclusivamente destinadas aos gerúndios correrão sério risco de deixar a descoberto dezenas de vocábulos que, mesmo não se comportando como flexões verbais, preservam propriedades comuns a termos que apresentam o morfema

/-ndo/. Por esse motivo, investigarei, neste trabalho, tanto as formas sistemáticas derivadas de verbos (normalmente denominadas *gerúndios*, no português), como as formas que nos foram introduzidas por herança do latim clássico, ou não, e que também apresentam o morfema /-ndo/, seja enquanto oriundo do gerúndio, seja do gerundivo latino.

Ao optar pelo termo *gerundivo*, tento captar as semelhanças entre todos esses vocábulos do português, a fim de investigar a possibilidade de propor uma solução descritiva única para todos eles. Não incorro no risco de gerar confusão, pois no português moderno não existe a menor motivação para que se postule uma oposição entre gerúndios e gerundivos tal como no latim clássico. Em português, tais vocábulos têm formas similares e contraem as mesmas funções sintáticas na sentença. Com base nisso, apresento a definição:

> *Gerundivo: termo que designa os vocábulos portugueses que apresentam o morfema /-ndo/ e são originários de processos morfológicos desencadeados no latim ou no próprio percurso histórico da língua portuguesa.*

Nos Capítulos 2 e 3, apresento todos os tipos de vocábulos que considerarei como gerundivos no português. Entre eles, estão termos que tomam por base verbos do português e termos que não necessariamente tomam verbos como base, mas são igualmente interpretados pelos falantes como gerundivos. Para sustentar o conjunto de palavras considerado, utilizarei o que Basílio (1980) denomina *Regras de Análise Estrutural* (RAEs).

ca.pí.tu.lo
dois

O perfil funcional do
morfema /-ndo/

No volume anterior desta coleção, tratei de diversos tópicos relativos à questão geral das classes de palavras, iniciando com a sua origem na tradição gramatical e concluindo com a apresentação de um conjunto de classes bem mais específico do que o convencionalmente empregado nas rotinas de descrição sintática. De toda a discussão já realizada até o momento, conclui-se, fundamentalmente, que o estabelecimento de classes de palavras torna-se mais eficaz para atender aos objetivos da descrição sintática quando leva em conta quatro espécies de traços distintivos, cuja hierarquização atende a fatores de natureza lógica e não operacional. Conclui-se, também, que os traços de natureza sintática não são próprios ou exclusivos de uma ou outra classes, mas são selecionáveis, muitas vezes, dentro de um conjunto de opções possíveis numa mesma classe. A partir da utilização de propriedades sintáticas, semânticas, morfológicas e nocionais, torna-se possível tratar as classes de palavras através de matrizes de traços classificatórios, tal como apresentado no Volume 1 desta coleção, transcrito adiante no Quadro 1. Todas essas informações serão aplicadas, a partir de agora, ao tratamento dos termos lexicais complexos considerados gerundivos do português[7].

Quadro 1 – Classes de palavras e distribuição sintática

Classes	P. Sub. Op. Pred.	Qualificador	Extensão X	Situação T/E	Pronome	Rec. Gramatic.	Coesivo	N	A	V	P	Imprime caso	Recebe caso	S	N	V	Espec	Comp	Gênero	Número	Tempo	Modo	Pessoa Gram.	Aspecto	Grau
N	+	-	-	-	-	-	-	+	-	±	-	+	+	-	+	-	-	+	+	+	-	-	-	-	-
NPr	+	-	-	-	-	-	-	+	-	-	-	-	+	-	+	-	-	+	-	-	-	-	-	-	-
V	+	-	-	-	-	-	-	-	-	+	-	+	-	-	-	+	-	-	-	+	+	+	+	+	-
ADJQ	-	+	-	-	-	-	-	+	+	±	-	+	-	-	+	+	+	+	+	-	-	-	-	-	+
ADJE	-	+	-	-	-	-	-	+	+	-	-	-	-	-	+	+	+	+	±	±	-	-	-	-	±
POSS	-	+	-	-	-	-	-	+	-	-	-	-	-	-	+	+	+	+	+	-	-	-	-	-	-
MODO	-	+	-	-	-	-	-	-	-	-	-	-	-	-	-	-	-	+	+	-	-	-	-	-	-
Intens	-	+	-	-	-	-	-	+	-	-	-	-	-	-	+	+	-	-	-	-	-	-	-	-	-
MODAL	-	+	-	-	-	-	-	+	-	-	-	-	-	+	-	+	-	-	-	-	-	-	-	-	-
NEG	-	+	-	-	-	-	-	+	-	-	-	-	-	-	+	+	-	-	-	-	-	-	-	-	-
DEL	-	-	+	-	-	-	-	+	-	-	-	-	+	-	+	-	+	+	+	-	-	-	-	-	-
QUANT	-	-	+	-	-	-	-	+	-	-	-	-	+	-	+	-	+	-	±	±	-	-	-	-	-
NUM	-	-	+	-	-	-	-	+	-	-	-	-	+	-	+	-	+	-	±	±	-	-	-	-	-
ORD	-	-	+	-	-	-	-	+	-	-	-	-	+	-	+	-	+	-	+	+	-	-	-	-	-
DEFL	-	-	+	-	-	-	-	+	-	-	-	-	+	-	+	-	+	-	+	+	-	-	-	-	-
T	-	-	-	+	-	-	-	+	+	-	-	-	-	+	+	+	+	+	-	-	-	-	-	-	-
E	-	-	-	+	-	-	-	+	+	-	-	-	-	+	+	+	+	+	-	-	-	-	-	-	-
DEM	-	-	+	+	-	-	-	+	-	-	-	-	+	-	+	-	+	-	+	+	-	-	-	-	-
ADEF	-	-	+	+	-	-	-	+	-	-	-	-	+	-	+	-	+	-	+	+	-	-	-	-	-
AIND	-	-	+	+	-	-	-	+	-	-	-	-	+	-	+	-	+	-	+	+	-	-	-	-	-
PROP	-	-	-	-	+	-	-	+	-	-	-	-	+	-	+	-	-	+	±	+	-	-	-	-	-
PROT	-	-	-	-	+	-	-	+	-	-	-	-	+	-	+	-	-	+	+	-	-	-	-	-	-
PROH	-	-	-	-	+	-	-	+	-	-	-	-	+	-	+	-	-	+	±	-	-	-	-	-	-
PROI	-	-	-	+	+	-	-	+	+	-	±	-	+	+	-	+	-	+	±	±	-	-	-	-	-
REL	-	-	-	-	+	+	-	+	+	-	+	-	+	+	-	+	-	+	+	-	-	-	-	-	-

(continua)

(Quadro 1 – conclusão)

Classes	P. Sub. Op. Pred.	Qualificador	Extensão X	Situação T/E	Pronome	Rec. Gramatical	Coesivo	N	A	V	P	Imprime-caso	Recebe caso	S	N	V	Espec	Comp	Gênero	Número	Tempo	Modo	Pessoa Gram.	Aspecto	Grau
+	-	-	-	-	-	+	-	-	-	-	-	-	-	+	+	+	+	+	-	-	-	-	-	-	-
QU-	-	-	-	-	-	+	-	-	-	-	-	-	-	+	-	+	-	-	-	-	-	-	-	-	-
Prep1	-	-	-	-	-	+	-	+	-	-	+	+	-	-	+	-	+	-	-	-	-	-	-	-	-
Prep2	-	-	-	-	-	+	-	+	-	-	+	+	-	-	+	+	-	+	-	-	-	-	-	-	-
Prep3	-	-	-	-	-	+	-	±	+	-	+	±	-	-	+	+	+	-	-	-	-	-	-	-	-
Prep4	-	-	-	-	-	+	+	-	+	-	+	±	-	+	-	-	+	-	-	-	-	-	-	-	-
QU-A	-	-	-	-	-	+	+	-	-	-	+	-	-	+	-	-	+	-	-	-	-	-	-	-	-
COES	-	-	-	-	-	-	+	-	-	-	+	-	-	+	-	-	+	-	-	-	-	-	-	-	-

A par das duas pressuposições que apresentei, bem como das propriedades atribuídas às classes de palavras na teoria descrita no Volume 1, vou abordar neste capítulo as seguintes questões:

- o tratamento dado ao morfema /-ndo/ nos estudos gramaticais do português;
- o tratamento dos gerundivos (recorda-se, portanto, os termos que apresentam o morfema /-ndo/), em confronto com as classes de palavras apresentadas no Quadro 1.

A partir da análise sobre o tratamento tradicional dos gerundivos e, posteriormente, de seu confronto com as classes apresentadas no Quadro 1, pretendo verificar se /-ndo/ pode ser tratado exclusivamente ou como sufixo, ou como desinência, e, com isso, investigar a possibilidade de dar conta de todos os tipos de gerundivos da língua portuguesa através de um só tratamento.

2.1
Tratamento tradicional de /-ndo/

O morfema /-ndo/ não costuma merecer muitas considerações nas gramáticas escolares modernas, havendo entre elas quase total uniformidade quanto ao seu tratamento. Entre os gramáticos modernos do início do século passado[8], porém, há certas considerações peculiares. Vou selecionar Oiticica (1942) para exemplificar o tipo de posição peculiar a que me refiro. Quanto ao restante, apresentarei aquilo que se encontra regularmente nas gramáticas mais conhecidas, como as de Rocha Lima, Bechara ou Celso Cunha, sem, no entanto, privilegiar particularmente nenhuma delas.

Os gramáticos tradicionais da segunda metade do século passado são unânimes ao afirmarem que o gerúndio empregado no português deriva da forma latina do gerúndio no ablativo. Já vimos no Capítulo 1, todavia, que tal afirmativa pode não proceder, haja vista que o gerundivo latino também foi introduzido no português, quando deixou sua forma originária /-ndus/, /-nda/, /-ndum/ e recebeu formas fonológicas ajustadas, /-ndo/, /-nda/, muitas vezes similares à forma do gerúndio. Esse fato foi um dos que me motivaram a empregar o termo *gerundivo*, em lugar de *gerúndio*.

Quando definiram a origem do gerúndio na forma latina do gerúndio no ablativo, os gramáticos tradicionais adotaram a tese de que o morfema /-ndo/ constitui uma desinência verbal, tendo-a tratado, até os dias atuais, juntamente com outras desinências verbais indicativas de modo, tempo e aspecto. É, por esse motivo, muito comum ouvir-se que o gerúndio é um tempo verbal, o que podemos afirmar, de antemão, tratar-se de um contrassenso, visto que o gerúndio – assim como as demais formas nominais do verbo – não veicula nenhuma informação temporal, pois essas informações são veiculadas pelas desinências de modo, tempo e aspecto. Não se deve reputar esse equívoco, entretanto, à tradição gramatical, mas, talvez, à frequência com que esse tipo de gramática trata do gerúndio juntamente com as demais desinências verbais.

O tratamento de /-ndo/ como uma desinência verbal é, aparentemente, bastante atrativo, considerando-se, sobretudo, a sistematicidade de seu emprego junto a radicais verbais (todo e qualquer verbo do português apresenta um gerúndio com /-ndo/) e a manutenção do seu significado, sem acrescentar ou suprimir qualquer matiz semântico. Devido a isso, é possível admitir que o gerúndio do português faça parte do paradigma de flexões a que o verbo está sujeito. Quanto ao seu comportamento sintático, entretanto, não se pode dizer o mesmo. Vejamos por quê.

Em sua *Moderna gramática portuguesa*, Bechara (1976, p. 105-106) assim se refere ao gerúndio:

> *Formas nominais do verbo: Assim se chamam o infinitivo, o particípio e o gerúndio, porque ao lado de seu valor verbal, podem desempenhar*

funções de nomes [...]. As funções nominais do verbo se derivam do tema (radical + vogal temática) acrescido das desinências: a) -r [...] b) -do[...] c) /-ndo/.

Conforme ressalta Bechara (1976)[9], o gerúndio tem a propriedade de se manifestar sintaticamente na sentença de forma distinta daquela que é própria do verbo. O gerúndio pode funcionar tanto como adjetivo quanto como advérbio, o que poder ser verificado, respectivamente, em:

1. O homem fungando irritou Dona Azulaide. (adjetivo)
2. João comeu fungando. (advérbio)

A despeito dessa aparente mudança de classe gramatical, Bechara não admite tratar-se o morfema /-ndo/ de um sufixo. Ao contrário, reforça a tese de que se trata de uma desinência. Essa posição, no entanto, contraria a definição de desinência que estou adotando aqui, pois está fundamentada tão somente no fato de que pode haver plena redundância entre o significado do radical verbal e a palavra correspondente que apresenta o morfema /-ndo/ (logo adiante, veremos que essa redundância não existe de fato).

Mattoso Câmara Júnior, em seu *Dicionário de linguística e gramática*, sugere tratar-se o morfema /-ndo/ como verdadeiro sufixo (tal como transcrito no excerto a seguir) e, em razão disso, obriga-se a considerar a existência de uma classe de palavras diferente da dos verbos: os verboides.

> *Gerúndio: Uma das formas verbo-nominais na língua portuguesa. Em latim, era um substantivo verbal, que entrava na conjugação do verbo, ao lado do infinitivo e do supino, com três formas flexionais, pelo modelo da segunda declinação dos substantivos [...] a forma portuguesa com sufixo /-ndo/ precedida de VT [...] provém do ablativo latino, que figurava em orações reduzidas circunstanciais com sujeito próprio [...]*
> *Verboide: Quando uma forma nominal encerra a ideia temporal de transcurso, isto é, de transitoriedade, típica do verbo, constitui uma forma nominal do verbo, ou verbo-nominal, também dita verboide, apresentando-se na língua portuguesa como infinitivos, particípios ou gerúndios.*
> (Câmara Júnior, 1977, p. 127-239)

Observa-se que a designação empregada por Mattoso Câmara Júnior – *verboide* – remete-nos a uma classe de palavras independente da classe dos verbos, correspondendo a um tipo de forma nominal que apresenta uma noção de transitoriedade. Assim, por dissociar essas formas da classe gramatical dos verbos, Câmara Júnior está automaticamente admitindo que os morfemas empregados para criá-las comportam-se como sufixos, e não como desinências.

O termo *verboide* empregado por Câmara Júnior não foi adotado aqui uma vez que remete exclusivamente aos casos de gerúndio, particípio e infinitivo. O termo *gerundivo*, tal como exposto no Capítulo 1, é bem mais abrangente, englobando, também, outros casos de palavras que não funcionam como gerúndios no português, seja por terem entrado na língua por herança do gerundivo latino, seja por nem mesmo terem base verbal correspondente. De qualquer modo, é necessário ressaltar que a posição de Câmara Júnior não reflete o consenso geral entre os gramáticos normativos modernos, para os quais /-ndo/ é verdadeiramente uma desinência.

A opção pelo tratamento de /-ndo/ como uma das desinências do verbo cria a necessidade de se postular a existência de uma série de sufixos para dar conta de vocábulos que, definitivamente, não se comportam como verboides no português. É o caso, por exemplo, dos gerundivos que designam pessoas que estão em vias de concluir um processo de formação escolar, tais como: doutorando, bacharelando, diplomando, entre outros. Tais casos são normalmente desprezados pela maioria das gramáticas normativas modernas. Diferentemente dos casos vistos anteriormente, essas palavras são flexionáveis em gênero e número, do mesmo modo que outros adjetivos essenciais do português, como *professor, mestre, doutor* etc.

Embora não sejam muito comuns análises desses vocábulos nas gramáticas normativas modernas, em gramáticas mais antigas encontram-se estudos a esse respeito. Oiticica, gramático anterior à Nomenclatura Gramatical Brasileira (NGB), enumera uma série de sufixos, considerados por ele como responsáveis pela formação não apenas de palavras como *doutorando*, mas de diversos outros tipos de gerundivos não tratáveis como formas flexionais dos verbos. São eles:

/-bundo (a)/: *do latim – bundu – prende-se a verbos para formar adjetivos com valor de particípios presentes e ideia de duração, intensidade, hábitos; exs.: gemebundo, aquele que geme constantemente;*

> *moribundo, aquele que está morrendo; furibundo, aquele que está em fúria, que se enfurece constantemente. Assim, em fremebundo, tremebundo, sitibundo, pudibundo, vagabundo, meditabundo, errabundo.* (Oiticica, 1942, p. 152)

Esse sufixo é uma forma variante do gerundivo latino, que tem por peculiaridade o fato de, invariavelmente, aplicar-se a verbos intransitivos. Tais verbos, por serem intransitivos, jamais se flexionariam no gerundivo, visto que este se restringe exclusivamente à voz passiva. Na realidade, o sufixo /-bundo/ nada mais é do que a aplicação da desinência de gerundivo a verbos intransitivos, precedida de uma consoante de ligação, que pode ser /-b-/, nesse caso, ou /-c-/, no caso de palavras como jucundo (≈ alegre). É a origem desse sufixo no gerundivo latino que possibilitou, ainda, herdarmos no português a forma /-bunda/. Recorda-se, então, que o gerundivo latino – diferentemente do gerúndio latino – flexiona-se em gênero e número. Ainda que preservando a desinência de gênero, própria do gerundivo latino, a interpretação semântica de seus derivados não é própria do gerundivo latino, mas sim do gerúndio latino no ablativo: processo em curso ou estado sendo manifestado (conferir no Capítulo 1). Como se vê, então, o sufixo /-bundo/ tem um comportamento bastante curioso: por um lado, cria palavras morfologicamente correspondentes a adjetivos, tal como era de se esperar de um sufixo derivado do gerundivo latino; ao mesmo tempo, porém, o vocábulo criado é interpretado tal como um derivado do gerúndio. Isto é, no mínimo, um indício muito forte de que /-bundo(a)/ e a desinência /-ndo/ guardem entre si uma forte semelhança.

> */-ando/: sufixo formado da desinência /-ndo/, de particípio do futuro latino precedido da vogal de ligação -a-; a ideia de ação futura aplicada a um indivíduo, sofrida por ele; ex.: doutorando, aquele que vai ser doutorado; educando, aquele que se vai educar ou está se esforçando por educar-se; matriculandos, aqueles que se querem matricular. Em palavras tomadas diretamente ao latim permanece a ideia de merecimento, dever geral para com alguém, ex.: miserando, aquele que merece compaixão; venerando, aquele que merece veneração, a quem devemos culto e respeito; formidando, que merece temor, que o impõe, terrível. Vai se aplicando, bem e mal, a nomes modernos, por analogia com educando: odontolandos, farmacolandos etc., para designar os que se vão formar em determinada carreira.* (Oiticica, 1942, p. 143)

Entre os falantes do português contemporâneo, a interpretação trazida por Oiticica no excerto anterior deixou de existir e palavras como *educando, doutorando, matriculando* – todas derivadas de verbos – passaram a ser interpretadas do mesmo modo que *professorando*. Isso demonstra que, no português moderno, o sufixo /-ando/ passou a ser interpretado tanto como um gerundivo latino quanto como um gerúndio do português, de modo similar ao que se deu com /-bundo/. Em todos os casos, /-ando/ forma adjetivos essenciais.

> /-endo(a)/: *sufixo formado com a desinência -nd de gerúndio e particípio de necessidade, precedido de e, vogal de ligação de 2ª conjugação; ex.: reverendo, aquele que deve ser reverenciado; dividendo, número que deve ser dividido; despiciendo, que deve ser desprezado; prebenda, aquilo que deve ser dado, pago; vivenda, cousas necessárias à vida, propriedade; oferenda, cousas que devem ser oferecidas. Em muitos adjetivos perdeu-se a noção da necessidade, substituída pela de causa; ex.: horrendo, o que causa horror, tremendo, o que causa tremor; estupendo, o que causa estupor. Outros: caendas, fazenda, legenda e lenda, moenda, merenda, vivenda. Não confundir com deverbais como: comenda, contenda, prenda, remendo, etc.* (Oiticica, 1942, p. 162)

No português, esse sufixo não é muito homogêneo quanto ao tipo de palavras que forma, seja no que tange à classe gramatical, seja no que tange à interpretação semântica. No português moderno, as palavras com /-endo/ podem se manifestar como substantivos – *dividendo, oferenda, agenda, fazenda, lenda* etc. – ou adjetivos qualificativos – *horrendo(a), tremendo(a)* etc. Entre os adjetivos qualificativos, há dois tipos de palavras:

i. as que derivam de certo tipo de substantivos – *horrendo* ← *horror* – e têm a mesma interpretação de palavras com /-ível/ ou /-oso/: *terrível, feioso* etc.;
ii. as que derivam de verbos – *tremendo* ← *tremer, fazenda* ← *fazer* – e são interpretados como "o efeito causado numa pessoa por uma atitude ou propriedade de outra pessoa (tremendo)", ou, numa interpretação tipicamente gerundiva do latim, "o que deve ser Z-do", em que "Z-do" é a base verbal no particípio (*agenda, fazenda*).

As palavras com /-endo/ derivadas de verbos, como as citadas no item (ii), podem funcionar, portanto, tanto como substantivos quanto como adjetivos qualificativos. Oiticica (1942) alerta para que não se confundam palavras desse tipo com certas derivações regressivas que resultam em nominalizações do tipo *comenda, contenda, prenda, remendo* etc. A interpretação semântica dessas regressões é, todavia, a mesma dos substantivos do item (ii), de que se conclui que tais derivações regressivas aproveitam, na realidade, a terminação /-end-/ do radical e lhe atribuem a mesma função semântica do sufixo /-endo(a)/[10].

> /-undo (a)/: do latim -undo, característico dos particípios de necessidade e de adjetivos verbais; ex.: oriundo, que nasce, que provém de; segundo, que segue, que vem depois do primeiro; rotundo, que roda, que pode rodar. Com a forma ondo em redondo. Não confundir os nomes de sufixo undo e cundo. (Oiticica, 1942, p. 193)

Esse sufixo é tipicamente uma desinência latina de gerundivo e é interpretado como o sufixo /-endo/ ao formar adjetivos qualificativos: *oriundo, segundo, rotundo*. Oiticica cita, ainda, a forma /-ondo/ em *redondo*.

Em resumo, então, os sufixos apresentados em Oiticica (1942) são: /-bundo(a)/ ou /-cundo(a)/, /-ando/, /-endo(a)/ e /-undo(a)/. Desprezando-se, agora, a questão histórica e observando exclusivamente as formas morfológicas existentes no português contemporâneo, teríamos, então, como reduzir todos os sufixos citados em Oiticica e a desinência /-ndo/ de gerúndio a um conjunto de estruturas que têm em comum a forma /-nd-/:

i. Formas morfológicas:
   - para: /-ando(a)/, /-endo(a)/, /-indo(a)/, /-ondo(a)/, /-undo(a)/
     $^{v.t.}$ { /-a-/, /-e-/, /-i-/, /-o-/, /-u-/ } + /-nd-/ + { /-a-/, /-o-/ }
   - para: /-bundo(a)/, /-cundo(a)/
     $^{Cons.\ ligação}$ { /-b-/, /-c-/ } + VT + /-nd-/ + { /-a-/, /-o-/ }
ii. Interpretações semânticas:
   - ação verbal em curso: gerúndios portugueses;
   - propriedade daquilo que manifesta uma ação verbal em curso: *nauseabundo, tremebundo, oriundo, segundo*;

- propriedade de causar ou sofrer uma ação verbal: *venerando, reverendo, educando, odontolando*;
- objeto que exprime o ato de realizar uma ação verbal: *agenda, oferenda*.

Embora a ideia de "ação em curso" seja tipicamente associada aos gerúndios verbais, as demais interpretações dos gerundivos (apresentadas nos três últimos itens do tópico ii) também podem ocasionalmente ser expressas por formas gerundiais. Isso se dá sempre que tais formas são empregadas como adjuntos, seja adnominais, seja adverbiais. A diferença básica entre a interpretação de uma forma gerundiva como *educando* e uma forma como *caindo*, "gerúndio de cair", pode ser uma mera questão de haver ou não transitoriedade no ato praticado pelo sujeito. Observam-se, por exemplo, as frases:

3. Esse menino é um dos educandos aqui da escola.
4. Esse menino caindo aí é o filho do malabarista.

Observa-se que o termo *educando* expressa exatamente o mesmo tipo de ideia que *caindo*, diferenciando-se tão somente pelo fato de que o ato de cair constitui uma propriedade transitória, enquanto que o ato de ser educado, uma propriedade que demanda mais tempo para ser concluída[11]. Essa diferença de interpretação leva à conclusão de que a chamada *desinência de gerúndio* no português pode ser utilizada com a mesma finalidade de outras formas de /-ndo/ que são designadas como *sufixos*. Em consequência disso, não considero vantajoso tratar /-ndo/ ora como desinência, ora como sufixo. Por outro lado, não basta que se rotule esse morfema como sufixo, tal como faz Câmara Júnior, já que as palavras que resultam de sua aplicação não têm a menor homogeneidade, seja quanto à distribuição sintática dos termos a elas relacionados na sentença, seja quanto ao emprego de desinências de gênero e número. Observa-se, por exemplo, que, embora seja possível interpretar *caindo* de modo similar ao modo como se interpretam derivados do sufixo /-ando/, *caindo* não se comporta como verdadeiro adjetivo, por não se flexionar em gênero e número.

Existe uma última peculiaridade do gerúndio português que eu gostaria de ressaltar antes de prosseguir. É do que trato adiante.

2.2
O gerundivo como flexão verbal

O gerúndio é tradicionalmente considerado uma das três formas nominais do verbo, assemelhando-se, desse modo, ao infinitivo e ao particípio. Essa afirmativa deve, porém, ser cuidadosamente analisada, visto que o gerúndio pode ter um comportamento sintático ou diferente do comportamento de outras formas nominais do verbo, ou, pelo menos, diferente daquilo que tradicionalmente é promulgado. Em síntese, pretendo verificar se o gerúndio apresenta ou não alguma motivação para que se caracterize /-ndo/ como uma desinência verbal. Embora saibamos de antemão que nem todos os usos de /-ndo/ o caracterizem como uma desinência, ainda não apresentei nenhum questionamento acerca de haver ou não algum contexto em que esse morfema se apresente como uma típica desinência verbal. O que está em jogo nesta discussão é o seguinte:

- caso não haja algum contexto em que /-ndo/ se apresente como uma desinência, então não existe constrangimento algum para que se classifique esse morfema como sufixo, tal como o faz Câmara Júnior (1977);
- caso haja contextos em que /-ndo/ se apresente como uma desinência, então persistirá o problema de como classificá-lo, porque o morfema funcionaria ora como desinência, ora como sufixo.

O motivo pelo qual se emprega a denominação *forma nominal do verbo* é o fato de que as chamadas *formas verbo-nominais*, pressupostamente, podem funcionar tanto como nomes quanto como verbos propriamente. Aliás, é isso que motivou o latim a denominar o *particípio* como tal, uma vez que se trata de vocábulos que participam das propriedades dos nomes e dos verbos[12]. Ao analisar o comportamento de /-ndo/ enquanto sufixo ou desinência, utilizarei dois princípios:

- /-ndo/ funcionará como não desinência caso o vocábulo resultante de sua aplicação apresente algum tipo de comportamento sintático diferente do esperado para palavras da classe dos verbos;
- /-ndo/ funcionará como desinência caso o vocábulo resultante de sua aplicação apresente propriedades sintáticas esperadas em palavras da classe dos verbos.

Dadas as propriedades da classe dos verbos – tal como descrito no Volume 1 –, considerarei que a única forma em que /-ndo/ verdadeiramente funciona como desinência verbal corresponde às conjugações perifrásticas[13]. Uma conjugação perifrástica, como se sabe, é uma locução verbal na qual o verbo auxiliar não apresenta nenhum valor semântico, funcionando exclusivamente como um morfema aclítico indicativo de tempo, modo e aspecto. Nesse caso, a forma verbal que apresenta o morfema /-ndo/ – dita *verbo principal da locução* – passa a constituir, com o auxiliar, um todo indivisível cuja função é indicar o operador da predicação num dado modo, tempo e aspecto.

Segundo a tradição gramatical, o gerúndio forma locuções com três verbos no português: *estar, vir* e *ir*. Entre estes, incluem-se, ainda, outros verbos que, como *estar*, também funcionam como verbos de ligação. Em apenas um desses casos, porém, forma-se algum tipo de conjugação perifrástica como, por exemplo, o futuro do indicativo analítico ou o presente perfeito.

O caso mais comum de emprego do gerúndio no português do Brasil é o da locução [[esta-] + Z-ndo]. As frases a seguir exemplificam esse uso do gerúndio, bem como usos com outros verbos de ligação do português.

5. O bebê está chorando.
6. O bebê vive chorando.
7. O bebê continua chorando.
8. O bebê anda chorando à noite.

Nas frases 5 a 8, não se pode dizer que há locuções verbais, tais como as que se encontram em frases do tipo de 9:

9. Depois da bronca, Beatriz não tem falado com ele.

Os verbos *estar, viver, continuar* e *andar*, empregados de 5 a 8, não perdem o seu significado original quando empregados diante de gerúndios. Ao contrário, é perfeitamente possível substituirmos os gerúndios por adjetivos e continuarmos tendo o mesmo significado nos verbos.

10. O bebê está choroso.
11. O bebê vive choroso desde que teve pneumonia.
12. O bebê continua choroso, doutor!
13. O bebê anda choroso durante a noite.

Uma prova da diferença de comportamento entre o gerúndio, nesses casos, e as demais formas nominais do verbo é a possibilidade de se utilizar um NEG entre o verbo e o gerúndio. É impossível fazer o mesmo entre os verbos auxiliares e o infinitivo ou particípio:

14. Pedro tem falado muito.
14a. Pedro [não [tem falado muito]].
14b. *Pedro [tem [não falado muito]].
15. Ana vai chegar cedo.
15a. Ana [não [vai chegar cedo]].
15b. *Ana [vai [não chegar cedo]].
16. A máquina está lavando a roupa.
16a. A máquina [não [está lavando a roupa]].
16b. A máquina [está [não lavando a roupa].
17. O rapaz anda cheirando cola.
17a. O rapaz [não [anda cheirando cola]].
17b. O rapaz [anda [não cheirando cola]].

Vou incluir, no mesmo caso, as expressões formadas por *vir* + /*-ndo*/, tal como nas frases:

18. Esse garoto vem cheirando cola ultimamente.
18a. Esse garoto [não [vem cheirando cola ultimamente]].
18b. Esse garoto [vem [não cheirando cola ultimamente]].
19. Esse garoto vem doente desde o mês passado.
19a. Esse garoto [não [vem doente desde o mês passado]].
19b. Esse garoto [vem [não doente desde o mês passado]].

Os exemplos 16b, 17b e 19b foram extraídos de sequências de falas registradas em amostragens aleatoriamente coletadas, as quais transcrevo a seguir:

Diálogo 1:

– Tá aqui ela, ó só!
– Mas essa máquina é novinha; já tá com problema, dona? Não foi roupa demais, não?
– Olha, meu senhor, eu tenho máquina há anos e sei como é que ela tem que fazer pra trabalhar.
– Mas ela tá trabalhando, ó só!
– Tá! Trabalhando tá, mas está não lavando a roupa como eu quero que lave.
– Assim complica, né dona?

Diálogo 2:

– Esse garoto sempre foi meio complicado aqui na escola.
– É... dizem que os pais nem ligam pra ele... viajam... fica sozinho...
– Mas agora a coisa pegou. Quem é que pode deixar rolar um caso desse? Cheirando cola no corredor.
– Bom, aí também, não ... Ninguém sabe se foi ele...
– É! O [...] disse que viu a lata no corredor e o [...] passou por ele [...]
– Eu estou achando isso muito estranho; conheço esse caso há algum tempo; trabalhei com ele e posso garantir que ele anda bem agora; desde agosto ele anda não cheirando cola mais ... Acho que houve precipitação aqui.

Diálogo 3:

– Seu filho tem piorado a cada dia no comportamento.
– Pois é, Dona [...]; eu falo com ele todo santo dia, mas a gente tá sempre lembrando daquela fase difícil que ele passou.
– É, eu soube da doença do seu outro filho; que coisa, né? Tão novinho...
– Pois é; um caso raríssimo o dele, coitadinho.
– E ele vai ficar bom de vez? Parece que vai e volta, não é?
– A gente tem muita esperança, Dona [...]; em julho, pensamos que ele não ia resistir, mas depois foi indo... foi indo... e melhorou. Ele vem não doente desde o mês passado. Quisera isso fosse o normal dele agora...

Os empregos de gerundivos com verbos como *estar, andar, viver, continuar* e, até mesmo, *vir* não caracterizam tais gerundivos como verbos, mas sim como modificadores dos substantivos (tal como os adjetivos). Nesse caso, entretanto, o gerúndio preserva a tendência a rejeitar desinências de gênero e número, tal como *caindo* em 4. A incidência de NEG entre o verbo de ligação e o gerúndio comprova suas características não verbais, porque não se poderia introduzir uma cláusula negativa entre um verbo auxiliar e o principal, visto que ambos teriam uma só configuração semântica, tal como ocorre nos casos de particípios e infinitivos em conjugações perifrásticas. A seleção de um verbo de ligação numa sentença com gerúndio atende às mesmas prerrogativas de seleção desses verbos em sentenças com adjetivos ou advérbios de tempo, pois seu uso enfatiza essencialmente as noções aspectuais que caracterizam as propriedades dos objetos como permanentes ou transitórias. O comportamento de /-ndo/ em palavras que seguem verbos de ligação na sentença sugere, então, que esse tipo de morfema não se caracteriza como uma desinência, mas sim como um sufixo, ou algum outro tipo de morfema que permita ao verbo contrair funções sintáticas de natureza [+ QUALIFICATIVA] com outros termos da sentença. Isso significa que, se houvesse apenas esse tipo de caso, inexistiria motivação para que se tomasse /-ndo/ como uma das desinências verbais. Todavia, não é possível afirmar que isso seja verdadeiro.

Há casos em que o gerúndio se comporta como verbo principal de uma locução em que há conjugação perifrástica, tal quando vem precedido de *ir*.

20. O navio foi chegando lentamente no cais.
20a. O navio vai chegando lentamente no cais.
20b. O navio ia chegando lentamente no cais.

Observa-se que nessas construções as locuções grifadas podem ser substituídas por conjugações não perifrásticas, embora se perca muito do efeito aspectual desejado. Como nos demais tempos compostos, é impossível introduzir um NEG entre o auxiliar e o gerúndio.

21. O navio chegou lentamente no cais.
21a. *O navio foi não chegando lentamente no cais.
22. O navio chega lentamente no cais.
22a. *O navio vai não chegando lentamente no cais.
23. O navio chegava lentamente no cais.
23a. *O navio ia não chegando lentamente no cais.

Os dois tipos de usos do gerúndio no português apresentados – enfim, gerúndio como parte da locução perifrástica e gerúndio como não pertencente a uma locução perifrástica – não são diferenciados nas gramáticas escolares modernas. Isso, porém, pode causar inúmeros transtornos à descrição gramatical, que não pretendo reforçar. Por esse motivo, vou considerar doravante que o único caso em que o gerúndio definitivamente se comporta como um verbo é o das locuções formadas, por exemplo, com [[*ir*] + /-ndo/]. Nos demais, considerarei que o gerúndio se comporta como um termo modificador do substantivo, tomando, nesse caso, o verbo da frase como um verbo de ligação. Isso contraria radicalmente a posição de Janete Neves (1987), que os toma esses verbos de ligação como auxiliares, mas não chega a contrariar, entretanto, Câmara Júnior, visto que não fere sua definição de conjugação perifrástica. Devido à existência de sentenças como 18 e 18a, não se pode descartar de imediato a possibilidade de /-ndo/ funcionar, de fato, como uma desinência verbal em alguns contextos[14]. Se existissem apenas os casos de gerúndios precedidos de verbos de ligação, essa possibilidade poderia ser questionada, porque /-ndo/ poderia ser tratado como um sufixo que transforma verbos em termos modificadores. Diante disso, persiste a questão de como tratar da classificação do morfema /-ndo/ em português: como seria melhor classificá-lo?

Antes de iniciar o tratamento da melhor forma de classificação para o morfema /-ndo/, convém analisar outros aspectos do emprego desse morfema. Alguns desses aspectos podem ser identificados quando comparamos os termos gerundivos às classes de palavras já apresentadas no Volume 1, aqui transcritas no Quadro 1.

2.3
Os gerundivos em confronto com as demais classes

Neste momento, interessa-me observar como os termos gerundivos se comportam diante das classes de palavras apresentadas no Quadro 1. O objetivo dessa comparação é verificar se o que vimos discutindo até o presente, quanto ao tipo de morfema mais adequado para classificar /-ndo/, pode ou não se restringir aos conceitos de desinência e sufixo, já apresentados neste capítulo, ou se devemos considerar outro tipo de morfema além desses dois.

Considerando-se que as classes propostas no Quadro 1 tenham sido descritas de modo satisfatório – ainda que careçam de maior detalhamento no nível semântico –, estarei, a partir de agora, admitindo o fato de que nenhum outro traço de natureza não semântica deva ser incluído entre os traços já apresentados e que, consequentemente, nenhum vocábulo pertencente àquelas classes possa ter propriedades diferentes das que já foram apresentadas. Assim sendo, para que os termos gerundivos possam ser ditos como pertencentes a uma ou a outra daquelas classes, seu comportamento deverá atender a todas – e não menos do que todas – as especificações morfossintáticas, funcionais e semânticas de cada uma das classes.

Muitos gerundivos podem ser plenamente descritos a partir do comportamento de classes de palavras já descritas no Quadro 1, tal como veremos a seguir. Todavia, inúmeros outros gerundivos não se comportam exatamente como nenhuma das classes já existentes, apresentando um comportamento apenas parcialmente semelhante ao de classes já existentes. Caso o gerundivo não possa ser descrito a partir de nenhuma das combinações de traços sintáticos que descrevem as classes anteriormente propostas, não é possível dizer que ele pertença a nenhuma daquelas classes. Mesmo assim, entretanto, um gerundivo pode reunir um conjunto de traços classificatórios que lhe imprima um comportamento geral na sentença, similar ao comportamento de uma das classes anteriormente propostas. Nesses casos, não é possível afirmar que o gerundivo pertença a uma daquelas classes, mas é possível afirmar que ele se assemelhe parcialmente aos termos de uma daquelas classes.

A diferença entre pertencer e se assemelhar a uma classe qualquer pode redundar em graves problemas para a classificação do morfema /-ndo/, tal como veremos ainda mais adiante. Pertencendo a uma classe qualquer, o gerundivo assinala a possibilidade de /-ndo/ ser classificado como sufixo. Mas, simplesmente se assemelhando a uma classe, o gerundivo não sugere ter sofrido um processo de derivação, impedindo que se classifique /-ndo/ como sufixo.

Antes de prosseguir, gostaria de enumerar as classes em que os termos gerundivos não se encaixam de modo algum no português, tornando-se, portanto, desnecessárias para o estudo que passo a apresentar. Tais classes são as seguintes: substantivo próprio (NPr), adjetivo qualificador (ADJL), possessivo (POSS), advérbio de negação (NEG), advérbio quantificador (QUANT), numeral (NUM), pronome deflector (DEFL), advérbio de lugar (E), pronome demonstrativo (DEM), artigo definido (ADEF), artigo indefinido (AIND), pronome pessoal (PROP), pronome de tratamento (PROT), pronome híbrido (PROH), pronome interrogativo (PROI), + (conjunção coordenativa), advérbio modalizante (MODAL), Prep1, Prep2, Prep3 e pronome delimitador (DEL). Cabe ressaltar um possível caso de gerundivo assemelhado a DEL, ressalvando-se, todavia, que o emprego de gerundivos em contextos como o grifado na frase 24 não é propriamente idêntico ao de um delimitador, ainda que empregado para especificar a referência possível de um substantivo.

24. { Flores nascendo } são patéticas.

Tal como os adjetivos qualificativos e essenciais, o gerundivo em 24 relaciona-se ao estado do substantivo a que se aplica a predicação. Quaisquer flores, desde que nascendo, no caso apresentado, são patéticas. Não há restrição quanto à porção de flores consideradas. De modo semelhante, em 25, quaisquer flores vermelhas são bonitas, independentemente de um conjunto previamente especificado. É por esse motivo que o gerundivo, tal como os adjetivos especificadores, não substitui os delimitadores quando se tem necessidade de restringir a parte do todo considerada na predicação (frase 26)[15].

25. Flores vermelhas são bonitas.
26. Algumas flores nascendo são patéticas, outras, não.

Observemos, agora, como os gerundivos se comportam, seja como membros de certas classes de palavras, seja como assemelhados aos membros de outras classes.

2.3.1
Classes a que o gerundivo pode pertencer

Os gerundivos podem pertencer a quatro classes de palavras, considerando-se o fato de que se comportam nocional, semântica, sintática e morfologicamente como verdadeiros membros dessas classes. Não gostaria, entretanto, de afirmar, por ora, que esses gerundivos sejam, de fato, pertencentes a essas classes, pois isso depende, ainda, de considerações mais aprofundadas que farei adiante.

2.3.1.1
O gerundivo e o substantivo comum

Alguns gerundivos se comportam como substantivos comuns (N), indicando o nome com o qual se representa uma determinada substância objetiva. Curiosamente, porém, nenhum desses gerundivos apresenta o traço sintático [+V], próprio das nominalizações derivadas de verbos, situando-se, portanto, entre os chamados *substantivos concretos*. Os exemplos a seguir devem ser comparados às frases (41) e (42), apresentadas no Volume 1.

41. Poucas pessoas sabem trigonometria. (Volume 1)
42. O verde é minha cor preferida. (Volume 1)

27. Preciso de uma agenda nova.
28. Chamem o reverendo!
29. Não use estas fazendas para fazer roupas.
30. Nesta fazenda, plantamos amendoim para o mercado externo.
31. Os doutorandos estão aí fora.
32. A doutoranda em física está aí fora.

Observa-se que os gerundivos grifados advêm de verbos (*agir, reverenciar, fazer*), mas receberam significados que se tornaram autônomos com relação ao significado das bases verbais. Esse é um fato que, mais tarde, constituirá um problema a ser resolvido dentro da teoria morfológica que determinará o *status* funcional de /-*ndo*/. Conferir, adiante, 3.2 e seguintes.

2.3.1.2
O gerundivo e o verbo

Como já vimos antes, o gerundivo é empregado como verbo em locuções que formam conjugações perifrásticas com *ir* (frases 33 e 34). Mesmo sem formar locuções, entretanto, o gerundivo pode ser empregado, também, como verbo em certas sentenças no modo imperativo. Como em qualquer outra sentença imperativa, a marca de tempo verbal é dispensável, pois invariavelmente a sentença é interpretada como se referindo ao presente do indicativo. Toda ordem é dada no presente. O momento de realização do ordenado na sentença imperativa é que pode se dar no presente ou no futuro. A sentença imperativa que utiliza um verbo no presente do indicativo ou no presente do subjuntivo é quase sempre relacionada a uma ordem que irá desencadear uma ação futura, ação esta, portanto, ainda não iniciada. Já a sentença imperativa que utiliza um verbo com /-*ndo*/ está normalmente ordenando que certa ação não seja interrompida ou seja iniciada o quanto antes, de preferência imediatamente após a enunciação da sentença. O gerundivo, nesse caso, é empregado para acentuar a necessidade de que a ordem seja cumprida de imediato, efeito nem sempre evidente na sentença em que há verbos com desinências de modo, tempo e aspecto (conferir frases 35 a 37).

33. Eduardo foi chegando e dizendo que ia sair cedo.
34. E vai chovendo no Rio de Janeiro. Hoje completa uma semana de chuvas incessantes.
35. Atenção! Trocando os pares! Rápido.
36. Não para! Nadando! Nadando!...
37. O policial disse irritado: "Circulando! Circulando!"

2.3.1.3
O gerundivo e o advérbio de modo

Os termos gerundivos podem ser empregados tal qual advérbios de modo (MODO), apresentando todas as características semânticas e sintáticas dessa classe de palavras. Comparam-se as frases 38 e 39 à 59 (Volume 1):

59. João realizou quase perfeitamente suas tarefas. (Volume 1)

38. Eduardo deixou correndo a sala para ir ao banheiro.
39. O avião pousou quase atropelando o monomotor.

2.3.1.4
O gerundivo e os ordinais

Num único caso, o gerundivo funciona como ordinal. Trata-se de *segundo*. Vou preferir tratar esse caso como derivado do caso que veremos a seguir, relacionado aos adjetivos essenciais.

2.3.2
Classes a que o gerundivo se assemelha

Os gerundivos podem apresentar comportamentos similares aos termos de seis das classes de palavras apresentadas anteriormente. Nesse caso, porém, não podemos afirmar que eles se comportam como termos dessas classes, porque em todos os casos há algum tipo de característica que não é própria da classe a que o gerundivo se assemelha. As situações que apresento a seguir acabam por gerar um problema cuja solução vou deixar em suspenso por enquanto: se os gerundivos não se comportam exatamente como os demais membros de uma classe de palavras, mesmo que se comportem de forma tal que nos permite afirmar que se assemelham aos membros dessa classe, então, ou a classe deverá ser redefinida em suas propriedades para atender ao caso dos gerundivos, ou estes deverão constituir uma classe independente, ainda que relacionada à outra pelos traços classificatórios comuns.

Vou deixar o problema de classificação dos gerundivos apresentados a seguir para ser tratado no próximo capítulo, porque sua solução depende, basicamente, de decidirmos como se dá o processo derivacional e como a teoria morfológica vem tratando casos desse tipo.

2.3.2.1
O gerundivo e os adjetivos essenciais

Há dois casos em que os gerundivos apresentam certas características de adjetivos essenciais (ADJE). No primeiro deles, existe perfeita equivalência entre as propriedades manifestas pelos gerundivos e as propriedades dos adjetivos essenciais previamente definidas.

40. Faça uma bola {bem redonda}.
41. {Os professores doutorandos} submeteram-se a exames.
42. Eduardo é diplomando.

Os gerundivos grifados nas frases citadas identificam-se nocional, sintática, semântica e morfologicamente a *vertical, professor* e *verde*, nas frases 54 a 56 (Volume 1). São palavras que não apresentam o traço sintático [+V], próprio dos termos que regem caso a um complemento, e que, ocasionalmente, podem funcionar como substantivos, por força de sua natureza essencial (tal como verde em 42 – Volume 1). Em certos contextos, esses gerundivos podem ser intensificados, nas mesmas circunstâncias em que os demais termos da classe ADJE, assim como exemplificado em 43:

54. Essa linha vertical está mais grossa que as demais. (Volume 1)
55. Os vegetais verdes realizam fotossíntese. (Volume 1)

56. Eduardo é professor de física. (Volume 1)

43. Essa garota é {muito doutoranda} pro meu gosto; prefiro aquela que é {menos doutoranda do que ela}.

O problema com termos como *doutorando* e *diplomando* é o fato de que, não raramente, eles recebem o traço sintático [+V], ou seja, pedem um complemento, o que não é próprio da classe dos adjetivos essenciais, mas, sim, dos adjetivos qualificadores (ADJL).

44. {Os professores doutorandos em Letras} submeteram-se a exames.
45. Eduardo é {diplomando em Física}.

O traço [+V] nesses gerundivos pode ser explicado a partir de sua origem verbal (*doutorar* e *diplomar*), quando, então, preservam a transitividade da base a que se relacionam. Caso optássemos por determinar que *doutorando* e *diplomando* pertencessem à classe ADJE, teríamos um comportamento absolutamente isolado, porque o mesmo não se dá entre os demais adjetivos essenciais.

2.3.2.2
O gerundivo e o intensificador

Os gerundivos não se comportam jamais como verdadeiros intensificadores (Intens), mas podem ser empregados em expressões de valor intensificador, tal como em 46 e 47:

46. Poxa! Vocês estão caindo de chiques hoje!
47. Essa criança morrendo de rir é meu filho.

A semelhança entre esse tipo de expressão gerundiva e os intensificadores dá-se a partir de sua interpretação semântica e, parcialmente, de sua distribuição sintática. Essas expressões ocorrem sempre em $\overline{N}$ ou SV → Espec, tal como os intensificadores. Todavia, podem constar em um $\overline{N}$ e especificar um verbo no infinitivo (frase 47), o que jamais se dá entre os intensificadores.

2.3.2.3
O gerundivo e o advérbio de tempo

Os gerundivos podem ser empregados como advérbios de tempo (T)[16] em duas situações distintas, das quais apenas uma os caracteriza propriamente como advérbios de tempo. Na primeira situação, os gerundivos apresentam-se como membros de T, indicando a situação de uma proposição no tempo dêitico.

48. {Chegando em casa}, abriu o chuveiro e passou horas sentado debaixo d'água.
49. Acabando, pode ir para casa.

Nas frases anteriores, os gerundivos funcionariam exatamente como membros de T, não fosse o caso de *chegando* estar se apresentando com o traço sintático [+V], não aplicado a advérbios de tempo[17]. As circunstâncias que levam ao surgimento de [+V] aqui são as mesmas que levam ao seu surgimento entre os gerundivos assemelhados a ADJE: sua origem verbal. Tanto *acabando* como *chegando* admitem ser empregados com especificadores:

50. {Quase chegando} em casa, lembrou-se de tomar banho.
51. {Quase acabando}, perguntou se poderia ir embora.

A segunda situação que desejo considerar é a de gerundivos funcionarem como advérbios de tempo com a função de complementos predicativos. Ao contrário da situação dos gerundivos que descrevi em 48 a 51, a situação que os toma como semelhantes a advérbios de tempo na posição de predicativos defronta-se com o problema de que, em tal contexto, os gerundivos são preferencialmente interpretados como adjetivos. Os exemplos a considerar nesses casos são os seguintes:

52. Esse poste está {quase caindo}.
53. Aquele cara está {quase chegando no final}.

Considerando-se o ponto de vista exclusivamente semântico, a interpretação dos gerundivos em 52-53 é a de que certo objeto passa por uma transição de estado. Em 52, o "poste" não está nem em um ponto, nem em outro, mas no momento em que se desloca de um ponto (sua situação vertical normal) para o outro (uma posição horizontal, própria do que caiu no chão). Em 53, o sujeito, *corredor*, é qualificado com a referência ao fato de que está próximo do ponto a que se destina. Observa-se que essas interpretações do gerundivo se confundem ora com interpretações de adjetivos essenciais, ora com as de advérbios de lugar. Todavia, em nenhum dos casos o estado (essencial ou espacial) encontra-se consolidado, mas sim em processo. É em virtude dessa noção processual e transitória que eu relaciono essas palavras aos advérbios de tempo. Relacioná-las aos advérbios de tempo, entretanto, é diferente de tomá-las como verdadeiros membros desta classe, porque isso pode gerar controvérsias. Se, por um lado, a interpretação semântica de um estado transitório pode caracterizar um processo que está por gerar uma propriedade adjetiva, por outro lado, cabe investigar se há propriedades sintáticas e morfológicas que justifiquem tomar os gerundivos, nesse caso, como assemelhados a advérbios de tempo.

Sabendo-se que as propriedades semânticas antecedem as sintáticas na hierarquia pré-contextual, é possível que certos gerundivos selecionem, a partir daí, traços sintáticos que os coloquem numa situação intermediária entre advérbios de tempo e adjetivos.

A fim de confrontar o comportamento dos gerundivos com possíveis termos adjetivos, consideremos sua situação perante estruturas participiais, em ambientes análogos aos já apresentados aqui.

    52a. Esse poste está caindo.
    52b. Esse poste está caído.
    52c. Esses postes estão caindo.
    52d. Esses postes estão caídos.
    52e. *Esse poste é caindo.
    52f. Esse poste é caído.
    53a. Aquele cara está chegando no final.
    53b. *Aquele cara está chegado no final.
    53c. *Aquele cara é chegando no final.
    54. João está cantando.
    54a. João vive cantando.

Através das frases apresentadas, pode-se observar que:

i. nem toda estrutura gerundiva pode ser convertida em participial, o que demonstra não haver perfeito paralelismo entre as propriedades adjetivas do particípio e as propriedades dos gerundivos (ver por exemplo a frase 53b);
ii. o gerundivo nunca se utiliza com verbo *ser*, o verbo de ligação que, por excelência, introduz complementos de natureza adjetiva; o particípio, por sua vez, pode ser empregado com o verbo *ser* sem restrições.

Com base em (i) e (ii), pode-se concluir que os gerundivos considerados no caso analisado não se comportam exatamente como outras estruturas não oracionais de caráter funcional tipicamente adjetivo. Por outro lado, tais estruturas, também, não se comportam exatamente como advérbios de tempo, já que, nesse caso, os advérbios de tempo não são regularmente empregados com complementos (ver frase 53a).

Por esse motivo, vou preferir tratar esses casos de gerundivos como semelhantes a advérbios de tempo em posição intermediária com os adjetivos.

2.3.2.4
O gerundivo e os termos coesivos

Os gerundivos são largamente empregados no português para estabelecerem ligações entre partes de um texto, ou mesmo para marcar etapas, como introdução ou conclusão. Esses usos são típicos dos termos que pertencem à classe dos coesivos (conferir frases 136 e 137 – Volume 1). Como em outras ocasiões, os gerundivos diferem dos coesivos por apresentarem, ocasionalmente, o traço sintático [+V] (como em 57).

136. Cheguei, aí abri a porta, aí entrei e aí atendi o telefone. (Volume 1)
137. O que que eu disse? (Volume 1)

55. Iniciando: boa tarde!
56. Concluindo esta parte, apresento a seguir os exemplos.
57. Leu toda a introdução e, prosseguindo, enumerou os dados.

2.3.2.5
O gerundivo e Prep4

Prep4 é uma classe formada por preposições derivadas ou de advérbios, ou de particípios, conforme exemplificado nas frases 130 e 131 (Volume 1). Os ambientes em que os gerundivos funcionam como preposições são os mesmos em que se podem encontrar palavras pertencentes a Prep4. Todavia, uma pequena diferença leva a não se poder dizer que os gerundivos funcionem sempre como Prep4.

> 130. Ninguém chegou a tempo, exceto eu e Maria. (Volume 1)
> 131. Salvo Lígia, esta turma é muito bagunceira. (Volume 1)
>
> 58. Tirando Maria, todo mundo faz bagunça aqui.
> 58a. Tirando-se Maria, todo mundo faz bagunça aqui.
> 59. Excetuando João e Maria, ninguém chegou a tempo.
> 59a. Excetuando-se João e Maria, ninguém chegou a tempo.

A possibilidade de inclusão de um pronome [#se] (índice de voz passiva), como nas frases 58a e 59a, não existe entre as preposições, por força do fato de que esses vocábulos perderam ao longo do tempo sua interpretação semântica verbal. Esse é o motivo pelo qual, entre os traços sintáticos dessa classe, encontram-se apenas [+P] e [+A]. Entre os gerundivos que se empregam como Prep4, a interpretação semântica da base verbal ainda não se perdeu e, portanto, tais vocábulos preservam o traço sintático [+V][18].

2.3.2.6
Os gerundivos e as classes QU-, REL e QU-A

As classes conjunções integrantes (QU-), pronomes relativos (REL) e conjunções adverbiais (QU-A) são relacionadas ao processo de subordinação[19] de orações, derivando, respectivamente, orações subordinadas substantivas (a partir de QU-), orações subordinadas adjetivas (a partir de REL) e orações subordinadas adverbiais (a partir de QU-A, que também podem derivar certas orações coordenadas sujeitas a controle de fatores lógicos, como as coordenadas adversativas ou explicativas)[20].

Apesar de se identificarem entre si quanto ao fato de terem relação com o processo de subordinação, QU-A destaca-se de QU- e de REL por gerar sentenças cujo comportamento não se enquadra no comportamento de nenhuma das classes de palavras apresentadas no Quadro 1. Se, por um lado, QU- e REL criam estruturas compatíveis, de certo modo, com substantivos e adjetivos essenciais, respectivamente, QU-A cria estruturas que não são compatíveis com nenhuma outra classe, nem mesmo com os diferentes tipos de advérbios. De fato, nenhum termo da língua portuguesa é capaz de substituir adequadamente estruturas introduzidas por QU-A, podendo-se atribuir isso ao fato de a própria conjunção QU-A ser também um advérbio. Assim, por exemplo, é possível substituir a parte grifada na oração substantiva 60 por *estar inocente* ou por *inocência*, mas nenhuma estrutura pode substituir a oração adverbial introduzida por QU-A em 61:

60. Ele declarou que estava inocente.
61. Ele não chorou porque era inocente.

Diante disso, portanto, observa-se a seguinte situação:

i. se um gerundivo se comporta como termo de uma oração subordinada substantiva ou adjetiva, então pode-se postular que ele esteja funcionando ou como uma marca de subordinação, ou como um verdadeiro termo de natureza substantiva ou adjetiva, dependendo do ponto de vista como se encara o fato;
ii. se, por outro lado, um gerundivo se comporta como termo de uma oração subordinada adverbial que poderia estar sendo introduzida por QU-A, então, nenhuma outra alternativa nos resta senão afirmar que o gerundivo está funcionando como QU-A.

Na medida em que nenhuma outra classe de palavras assemelha-se, semântica ou funcionalmente, a estruturas que contêm palavras de QU-A, não encontramos, quando os gerundivos funcionam como os termos dessa classe, qualquer problema em tratá-los do mesmo modo como vimos fazendo até o momento. Em casos como os das frases 62 e 63, não há qualquer restrição quanto a se afirmar que os gerundivos estão funcionando como verdadeiras marcas de subordinação e criando orações subordinadas adverbiais.

62. Dando tudo certo, sairemos.
63. Choveu muito, alagando toda a cidade.

Todavia, outra questão deve ser colocada: a propriedade subordinativa de membros de QU-A não pode ser atribuída ao termo gerundivo, mas sim ao morfema /-ndo/, haja vista que a base verbal do gerundivo originariamente não apresenta qualquer propriedade subordinativa. Criando-se uma oração subordinada semelhante a uma oração introduzida por QU-A, devemos então separá-la do elemento que propriamente a subordinou, ou, em outros termos, provocou na sentença o efeito sintático-semântico de um advérbio oracional. Assim sendo, teríamos:

62a. [-ndo] + ˢ[{tudo} da- {certo}]ˢ, sairemos.
63a. Choveu muito, [-ndo] + ˢ[alaga- {toda a cidade}]ˢ.

Os casos analisados sugerem, então, que não se trata de classificar o termo gerundivo como QU-A, mas sim de se estabelecer uma nova propriedade para o morfema /-ndo/ – a propriedade subordinativa. Com essa propriedade, estou considerando que, além de poder funcionar como sufixo ou desinência, /-ndo/ pode, ainda, funcionar como marca de subordinação. Isso, entretanto, cria um problema seríssimo para a teoria morfológica resolver, pois, até o presente momento, um mesmo morfema está demonstrando que pode ser aplicado a uma mesma base e funcionar ora como sufixo, ora como desinência, ou ainda como marca de subordinação.

64. A chuva foi enchendo a cidade rapidamente. (desinência / compõe uma locução perifrástica)
65. A rua enchendo já foi fotografada pelo repórter. (sufixo / cria um determinante de substantivo)
66. Enchendo as ruas, não poderei vir. (marca de subordinação como QU-A / introduz uma cláusula condicional)

Como extensão do fato que apresentei, poderíamos, então, sugerir que a causa de haver tantos casos de gerundivos assemelhados a termos de outras classes, sem, no entanto, comportarem-se como estes, seria justamente o fato de que /-ndo/ funcionasse como marca de subordinação, e não como um morfema que deriva novas palavras. Com base nessa hipótese, poderíamos considerar que /-ndo/ assumisse o papel típico de uma conjunção integrante (QU-) e, em vez de tratarmos de uma palavra gerundiva, seguida ou não de um complemento, trataríamos de uma sentença precedida de uma marca de subordinação.

67. Chegando em casa, abriu o chuveiro.
67a. [¹[² Espec[-ndo]+S[chega- {em casa}]²] S[³PRO abriu o chuveiro³]¹]
68. Este poste caindo é um perigo.
68a. [¹[² N̄[-ndo]+[este poste cai-] ²] SV[³é um perigo³]¹]

Os exemplos 67 e 68, que contêm, respectivamente, uma oração subordinada adverbial e uma oração substantiva, ambas reduzidas de gerúndio, demonstram que é possível tratar /-ndo/ como marca de subordinação, não apenas em casos em que se assemelha a termos de QU-A, mas também a casos em que se assemelha a substantivos. Todavia, há sentenças em que tal alternativa simplesmente não seria cabível.

69. {Estes postes caindo} são um perigo.

Em 69, observa-se que é impossível postular a existência de um sujeito oracional do tipo expresso em 68, porque o verbo *ser* concorda particularmente com o substantivo *postes*. Desse modo, cai por terra a possibilidade de se postular um morfema /-ndo/ que funcione sempre como QU-. Poderíamos, então, formular outra hipótese: o morfema /-ndo/ teria papel subordinativo e, em contextos como o de 69, funcionaria como REL. O resultado disso seria 69a:

69a. N̄[¹ Estes postes Espec[-ndo]+[PRO cai-] ¹] são um perigo.

Há problemas para que se admita /-ndo/ como um morfema assemelhado a REL. Todos os membros dessa classe caracterizam-se por contrair uma função sintática na sentença que subordinam. A maior prova disso é o alçamento de preposições (1, 2 ou 3) que se deslocam para o lado de REL (conferir frase 112 – Volume 1). Assim, /-ndo/, que jamais contrai uma função sintática na sentença que subordina, teria de se assemelhar a QU-, e não a REL. Assemelhando-se a QU-, então, não poderia estar subordinando sentenças em posição Ā.

112. Confirmado o assalto {de que} lhe falei. (Volume 1)

Observa-se, então, que /-*ndo*/ não se comporta exatamente nem como QU-, nem como REL. Não é possível, portanto, reduzir o papel que /-*ndo*/ possa exercer no processo de subordinação a essas duas outras classes (QU- e REL). Embora /-*ndo*/ possa ser tratado como uma marca de subordinação como QU-A, dadas as características desse tipo de palavras, isso não se torna suficiente para cobrir todos os casos de subordinação em que se empregam QU- e REL. Diante disso, exceto no caso de QU-A, /-*ndo*/ deveria compor necessariamente uma nova classe de morfemas subordinativos.

Cabe agora investigar uma última proposta: a de que /-*ndo*/ possa ser tratado como outro tipo de marca de subordinação em todos os casos de gerundivos, evitando-se, assim, a problemática de se admitir em /-*ndo*/ propriedades de sufixos ou desinências.

2.4
/-*ndo*/ como marca de subordinação

Pode-se trabalhar com a possibilidade de /-*ndo*/ funcionar como marca de subordinação em todos os casos de gerundivos do português, resumindo-se, assim, toda a problemática desse tipo de palavras a um único caso. Esse tipo de solução já foi anteriormente proposto por Tesnière (1959), para o qual não apenas /-*ndo*/, mas também /-*r*/, /-*do*/ e todos os sufixos são considerados *translativos*, ou, nos termos que estou empregando, marcas de subordinação. Embora aparentemente essa alternativa possa nos parecer atraente, ela traz problemas em número suficiente para que eu não a adote aqui. Considerarei, inicialmente, seus pontos favoráveis e, em seguida, abordarei os problemas dela decorrentes.

Considerando-se a perspectiva de que /-*ndo*/ funciona como marca de subordinação, somos obrigados a admitir que, em qualquer circunstância, esse morfema se aplica a verbos e, por força da transitividade dessa classe de palavras, introduz orações subordinadas. Assim sendo, as ocorrências de gerundivos que apresentei anteriormente passariam automaticamente a ser representadas como orações introduzidas por /-*ndo*/, conforme o esquema estrutural apresentado em 62a, 63, 67a, 68a e 69a.

Pode-se considerar a questão das marcas de subordinação sob duas perspectivas diferentes. Numa perspectiva restrita, consideram-se como marcas de subordinação apenas as preposições, as conjunções e os morfemas /-r/, /-do/ e /-ndo/. Essa é a perspectiva regularmente adotada na literatura estruturalista.

Numa perspectiva abrangente, consideram-se, além dessas marcas, todos os sufixos, assim considerando-se sua propriedade de causar mudança na classificação das palavras. Numa perspectiva restrita, na qual são diferenciados os sufixos das marcas de subordinação, o tratamento generalizado de /-ndo/ como marca de subordinação não é capaz de cobrir todos os casos de gerundivos. Nessa perspectiva, ficam cobertos apenas os casos em que o gerundivo apresenta a possibilidade de se flexionar em gênero e número, pois esses casos caracterizariam uma plena transformação do verbo em um substantivo ou adjetivo – caracterizando a ação típica de um sufixo. Assim sendo, para que se possa tratar dos termos gerundivos a partir de uma única alternativa descritiva, em um contexto como este que venho considerando aqui, é necessário que se considere uma perspectiva ampla das marcas de subordinação. Numa tal perspectiva, semelhante à adotada por Tesnière (1959), não se diferenciam os sufixos das marcas de subordinação, considerando-se ambos como translativos.

Em certos ramos da linguística aplicada, o tratamento de /-ndo/ como marca de subordinação pode ser bastante interessante. É o caso, por exemplo, do ensino avançado de sintaxe a partir do ensino médio, quando se torna esclarecedor identificar marcas de subordinação lexicais – como no caso das preposições, conjunções e relativos – e morfológicas – como /-ndo/, por exemplo. Todavia, não se trata de uma abordagem inteiramente isenta de problemas.

Há quatro problemas que tornam desinteressante o tratamento de /-ndo/ exclusivamente como marca de subordinação.

i. Existem dezenas de gerundivos no português que têm bases presas, ou seja, têm bases que não são palavras no português contemporâneo (conferir Capítulo 3); nesses casos, o emprego de /-ndo/ como marca de subordinação torna-se inexplicável, porque as marcas de subordinação têm por característica o fato de se aplicarem sempre a um conjunto específico de classes de palavras, assim como se dá com as preposições (aplicadas a $\overline{N}$), conjunções e relativos (aplicados a orações) e, por exemplo, o infinitivo (aplicado a verbos).

ii. Assim como as bases, o efeito sintático de uma marca de subordinação é igualmente restrito e previsível; é o que ocorre com as Preposições 3 (formadoras de locuções que funcionam como determinantes ou complementos circunstanciais), com as conjunções, com os relativos etc.; /-ndo/, como marca de subordinação, traz efeitos sintáticos os mais variados, seja como substantivo, como determinante ou, ainda, termo coesivo; uma marca de subordinação como /-ndo/ irá se tornar um corpo estranho no conjunto das classes que têm propriedades subordinativas.

iii. Nenhuma marca de subordinação apresentada por Tesnière (1959) poderia ser aplicada sem causar qualquer modificação funcional nas propriedades do termo subordinado, tal como se dá entre os sufixos que transformam verbos em substantivos, substantivos em adjetivos etc.; existem, entretanto, conjugações perifrásticas que envolvem o uso de /-ndo/, no caso, sem causar nenhuma modificação no esquema funcional do verbo; um caso análogo seria o da Prep1 e o da Prep2 sendo que se aplicam a substantivos sem lhes causar modificações sintáticas, pois estes permanecem figurando em posições próprias de $\overline{N}$; trata-se, porém, de uma situação inconfundível com o caso dos gerundivos em locuções perifrásticas; Prep1 e Prep2 não são empregadas como marcas de subordinação, mas como índices de casos gramaticais não previsíveis a partir dos expedientes sintáticos convencionais; já /-ndo/ em locução perifrástica não concorre para a fixação de nenhuma informação gramatical, exceto a de que há um verbo na locução; assim sendo, /-ndo/ não se confunde com uma marca de subordinação nesse caso.

iv. O estabelecimento de equivalência total entre marcas de subordinação e sufixos, conforme nos obrigamos a admitir no caso de /-ndo/, cria problemas para a própria gramática, pois o efeito morfológico de ambos é diferente; num caso, criam-se palavras que passam a funcionar efetivamente como termos de uma determinada classe; no outro, criam-se termos meramente assemelhados aos termos de outra classe; assim, parece possível que se deverão diferenciar os dois tipos distintos de marcas de subordinação: as que causam plena translação para uma nova classe (como os sufixos) e os que causam translação não plena (como as marcas de subordinação).

Diante do quadro de problemas citados, considero pouco provável que o tratamento de /-ndo/ exclusivamente como marca de subordinação possa abordar convenientemente o caso dos gerundivos do português. Por esse motivo, persisto na hipótese de que o melhor modo de abordar a questão seja considerar /-ndo/ como um morfema que funciona ora como desinência (no caso das conjugações perifrásticas), ora como marca de subordinação (no caso em que o gerundivo se assemelha a QU-A), ora como sufixo (nos casos em que o gerundivo funciona tal e qual palavras de outras classes). Isso, porém, ainda, não é solução satisfatória, porque não contempla os casos em que os gerundivos apenas se assemelham a palavras de outras classes.

Avançando na discussão acerca da complexidade de /-ndo/ e seus termos derivados, sigo no próximo capítulo discutindo alternativas para seu tratamento desde o ponto de vista morfossintático.

ca.pí.tu.lo
três

Analisando o fato /-ndo/: um estudo morfossintático

Entrarei agora numa questão que não costuma ser abordada juntamente com a problemática do estabelecimento de classes de palavras, mas que está irremediavelmente relacionada a ela. Trata-se da questão morfológica subjacente à classificação dos morfemas envolvidos na configuração estrutural de certos vocábulos, tal como os gerundivos.

Observa-se, então, que pode estar na definição da natureza funcional dos morfemas que constituem esse tipo de palavras a chave para se poder estabelecer uma classe de palavras independentes no léxico, ou não. Num caso ou no outro, há consequências que não podem ser desprezadas, no que tange à organização geral da gramática, sob o risco de se criarem problemas de inter-relacionamento e coerência entre a morfossintaxe e os processos gerais de formação e descrição morfológicas, tal como começo a expor a partir de agora.

Para estabelecer a natureza funcional do morfema /-ndo/, é necessário avaliar, sob diferentes perspectivas, se:

i. /-ndo/ não forma uma classe de palavras independente da classe dos verbos; ou
ii. /-ndo/ forma uma classe de palavras independente da classe dos verbos.

Se (i) for verdadeiro, então, /-ndo/ é uma desinência verbal, assim como uma desinência modo-temporal ou número-pessoal. Se, por outro lado, (ii) for verdadeiro, então /-ndo/ não é uma desinência verbal e, portanto, deveremos decidir quanto a que tipo de morfema seria este. E finalmente, se nem (i) nem (ii) forem de todo falsas, então precisaremos decidir como tratar um morfema que pode se comportar tanto como desinência quanto como outra coisa.

Quadro 2 – Propriedades funcionais de desinências e sufixos

Desinência	Sufixo
Aplica-se sistematicamente a todos termos de uma classe de palavras.	Não se aplica sistematicamente a todos os termos de uma classe de palavras, podendo haver mais de uma forma com a mesma função dentro de uma única classe, como, por exemplo, /-agem/, /-ção/ e /-mento/, que formam substantivos a partir de verbos.
Não provoca mudança no comportamento gramatical das palavras a que se aplica.	Costuma provocar mudança no comportamento gramatical das palavras a que se aplicam, geralmente ocasionando mudança de classe de palavra.

(continua)

(Quadro 2 – conclusão)

Desinência	Sufixo
Acrescenta um efeito semântico sempre previsível às palavras a que se aplica, sempre restrito às noções de /gênero/, /número/, /grau/, /pessoa/, /tempo/, /modo/ e /aspecto/.	Acrescenta efeito semântico nem sempre previsível às palavras a que se aplica, embora cada sufixo esteja normalmente associado a um efeito semântico já conhecido pelos falantes da língua; é o caso de sufixos nominalizadores, que geram palavras interpretáveis como [+N] ou [+V], ou de sufixos como /-eiro/, que geram palavras interpretáveis como "sujeito que Z" (por exemplo: "barbeiro") ou "objeto que Z" (por exemplo: "espreguiçadeira").
Cria paradigmas flexionais, que consistem em conjuntos de vocábulos relacionados a uma só palavra, que se flexionam e se declinam com as mesmas desinências ou casos.	Costuma causar mudança no significado original do radical a que se aplica, seja acrescentando-lhe matizes semânticos, seja derivando palavras com significados novos.
Não causa modificação no valor semântico do radical a que se aplica.	Não cria paradigmas flexionais, visto que sua aplicação não atende a critérios sistemáticos dentro de uma mesma classe.

    Duas coisas estão sendo pressupostas neste capítulo. A primeira é a de que, no português, existem mais termos com o morfema /-ndo/ do que a gramática pressupõe através do termo gerúndio. Esse motivo justifica o emprego do termo *gerundivo*, como especificado no Capítulo 1 (conferir 1.1).

    A segunda coisa pressuposta é a distinção básica entre desinência e sufixo. O Quadro 2 define e compara as propriedades desses dois tipos de morfemas[21] com base nas quais se pode postular que a classificação de um morfema como sufixo ou desinência implica optar por toda a série de propriedades implícitas às desinências ou pela série de propriedades implícitas aos sufixos. Por isso, qualquer opção nesse caso deve atender, ao mesmo tempo, a evidências empíricas e à organização da gramática, de modo que, ao se solucionar o problema da classificação dos gerundivos, nem se contradiga com as definições dos morfemas, nem, tampouco, se distorça a realidade dos fatos, exclusivamente para atender à organização da gramática.

Focalizo neste capítulo a questão que mais diretamente se relaciona com os objetivos específicos deste trabalho. Daqui até o final do capítulo, investigarei os modos de tratar o morfema /-ndo/ em português, tomando como base as palavras complexas que denominei *gerundivos* e cujo comportamento descrevi no capítulo anterior. Pretendo, então, levantar argumentos para discutir as seguintes questões:

- alternativas para descrição do papel do morfema /-ndo/ na formação de palavras do português, de modo a explicar as múltiplas manifestações morfossintáticas dos gerundivos;
- a necessidade de estabelecimento, ou não, de uma nova classe de palavras, a ser denominada *gerundivo*.

Investigando o tratamento de /-ndo/ nas gramáticas, senti necessidade de dividir os estudos relacionados às questões morfológicas, propostos após o surgimento da Teoria Gerativa, em dois grupos distintos: estudos que apresentam soluções descritivas de motivação prioritariamente sintática e estudos que apresentam soluções de motivação morfológica, propriamente, tal como apresento a seguir. Compreendo como estudos de motivação prioritariamente sintática aqueles que se focam em solucionar questões pendentes no processo de descrição sintática das línguas naturais. Ao privilegiarem aspectos da sintaxe, tais estudos correm o sério risco de causar desarranjos na forma de organização do léxico. Para demonstrar o tipo de desarranjo a que me refiro, utilizarei as questões levantadas em Basílio (1980). Já como estudos de motivação propriamente morfológica, compreendo aqueles que se concentram na solução de questões estritamente relacionadas à forma de organização e descrição do léxico. Entre os trabalhos desse tipo, me interessam aqui os de Jackendoff (1975) e Basílio (1980).

Após tentar aplicar tratamentos de motivação sintática e de motivação morfológica à descrição do morfema /-ndo/, vou, então, demonstrar que se torna mais adequado mesclá-los em um tratamento ao mesmo tempo sintático e morfológico. Com base nesse tratamento, proponho não apenas a existência de um morfema de características singulares no português, como um tratamento único para as palavras gerundivas. Desse modo, vai se tornar possível, finalmente, discutir a possibilidade de haver, ou não, uma classe de gerundivos.

3.1
Tratamentos de motivação sintática

Os tratamentos de motivação sintática que analisarei são dois, ambos relacionados a momentos decisivos no desenvolvimento da Teoria Gerativa. O primeiro consiste na solução para a descrição de fatos morfológicos através do modelo *standard* da gramática transformacionalista, o qual se encontra descrito em Chomsky (1965, p. 170-176, 208-211). O segundo, denominado *hipótese lexicalista*, também é apresentado por Chomsky, no artigo em que introduz a Teoria $\overline{X}$: Chomsky (1970)[22]. Vejamos cada um deles em particular e, ao mesmo tempo, como eles poderiam tratar da questão do morfema /-ndo/, juntamente com a questão das palavras que estou chamando de *gerundivos*.

3.1.1
Hipótese transformacionalista

A expressão *hipótese transformacionalista* não foi empregada em Chomsky (1965), mas somente após a sua publicação. Na realidade, nessa obra, Chomsky preocupa-se muito pouco com o fato de que o tratamento que propõe para questões derivacionais ocorridas no léxico pudesse, mais tarde, se tornar um objeto de investigação em si mesmo. O que de fato lhe causava grande interesse era a possibilidade de dar ao léxico uma organização qualquer que contribuísse para reduzir o custo na seleção de palavras a preencher sequências terminais, durante o processamento de sentenças.

Deve-se ter bastante cuidado com o emprego do termo *transformação*, referindo-se às questões pertinentes ao léxico. É impossível confundir esse tipo de transformação com as transformações que se processam na sentença e derivam de regras de natureza sintática. As transformações de natureza sintática, em Chomsky (1965), são operativas (causam modificações substantivas na forma da estrutura profunda) e, ao mesmo tempo, não são interpretativas e não causam qualquer modificação semântica na configuração previamente definida na estrutura profunda (cf. Katz; Postal, 1964). Nessa perspectiva, as regras transformacionais sintáticas têm por papel ajustar sucessivamente a representação lógica da sentença – sua estrutura profunda – às peculiaridades do sistema gramatical, atribuindo-lhe, por fim, uma forma que se denominou *estrutura superficial*. A existência de regras transformacionais com esse papel pode ser justificada pelo mesmo motivo que introduzi os traços classificatórios de natureza nocional (conferir Capítulo 3 do Volume 1). Tanto as transformações quanto os traços nocionais baseiam-se no fato de que o ato de representação verbal, de certo modo, impõe à estrutura lógica do pensamento uma forma condicionada ao sistema de expressão empregado[23].

As possíveis regras transformacionais que se aplicam aos termos do léxico, similares a processos derivacionais como a sufixação, podem ser analisadas pelo mesmo princípio de que derivei os traços nocionais. Todavia, não podem ser confundidas com regras transformacionais de natureza sintática, pois os dois tipos de regras não poderiam jamais ser aplicados sob as mesmas condições. Uma regra transformacional sintática só pode ser aplicada após a representação da estrutura profunda. Uma regra transformacional, do tipo das que se aplicam no léxico, deve ser aplicada irremediavelmente antes da derivação da estrutura profunda pelas regras de reescritura frasal, porque as regras de base dependem, muitas vezes, de informações recolhidas diretamente no léxico para selecionarem itens lexicais na cadeia terminal da derivação. Tal como no caso dos verbos, relacionado ao princípio de *subcategorização estrita* (cf. Chomsky, 1965, p. 176 - 195), as regras de reescritura frasal necessitam conhecer o padrão sintático requerido pelo item lexical antes de preencherem a cadeia terminal. Desse modo, pode-se concluir que o léxico não pode estar em processamento ao mesmo tempo que a sentença; nenhuma palavra pode ser derivada de outra durante o ato de processar uma sentença. Para que uma palavra possa constar numa sentença "X" qualquer, é necessário que ela já exista no léxico antes que o processamento da sentença se inicie. Para explicar o léxico, Chomsky (1965) propõe outro tipo de mecanismo.

Chomsky (1965) define um mecanismo apropriado que capta redundâncias lexicais (entre palavras e seus derivados), analisa as informações registradas em cada entrada lexical e seleciona, ou não, uma palavra para compor a estrutura profunda de uma sentença, se as suas características forem, ou não, adequadas ao contexto sintático. O excerto a seguir sintetiza o mecanismo:

> *Suponhamos, então, que a base se divide em duas partes, uma componente categorial e um léxico. A componente categorial compreenderá unicamente regras de ramificação, que possivelmente são todas independentes do*

contexto [...]. As regras de ramificação [...] constituiriam, em particular, a componente deste fragmento da gramática do Inglês. O papel fundamental da componente categorial consiste em definir implicitamente as relações gramaticais básicas que funcionam nas estruturas profundas da língua. [...] As regras de subcategorização podem associar-se à componente de base do seguinte modo. Em primeiro lugar, as regras de subcategorização independentes do contexto [...] podem ser consideradas como redundância lexical e, por este fato, associados ao léxico. Consideremos agora as regras que introduzem traços contextuais. Estas regras selecionam determinados quadros estruturais em que um símbolo ocorre, atribuindo os traços contextuais correspondentes. Uma entrada lexical poderá ser introduzida nesta posição se os seus traços contextuais condisserem com os do símbolo que vai substituir. Evidentemente, os traços contextuais devem aparecer nos itens lexicais. (Chomsky, 1965, p. 209)

Como se observa, em Chomsky (1965) os fenômenos derivacionais do léxico não chegam a ser descritos através de transformações. Ao contrário, o léxico já é dado e convenientemente processado, não havendo palavras em processo de derivação. Não cabe a regras transformacionais, tal como descritas as regras sintáticas de ramificação, agir, seja criando, seja selecionando itens lexicais. No léxico, operam regras de subcategorização, que, por sua vez, não são regras operativas, mas interpretativas: as regras de subcategorização relacionam itens lexicais que apresentam redundância (itens derivados e suas bases) e selecionam, entre eles, os que apresentam uma configuração de traços contextuais compatíveis com o símbolo a substituir no marcador frasal. Ao afirmar que "os traços contextuais devem aparecer nos itens lexicais", Chomsky (1965) reforça o estado fixo *a priori* do léxico, relativamente às transformações.

Ao analisar a chamada *hipótese transformacionalista*, Basílio (1980) a relaciona com o tratamento que Chomsky tenta dar ao caso das nominalizações em inglês. Todavia, essa colocação merece uma observação. O texto em que Chomsky apresenta questões explicitamente relacionadas a possíveis questões derivacionais é *Remarks on nominalization*, publicado em 1970. A motivação desse texto, entretanto, não parece ser propriamente o comportamento de qualquer nominalização existente no inglês, mas, particularmente, os chamados *nominais gerundivos*, tal como em *Flying is security*. Em momento algum, o texto de 1970 chega a determinar que termos derivados sufixalmente (nominalizações, como as formadas, em português, por /-agem/ – exemplo: *lavagem* – e /-mento/ – exemplo: *ensacamento*) sejam derivados transformacionalmente. O problema que Chomsky vai atacar nesse texto é outro: o comportamento singular dos nominais gerundivos do inglês em confronto com o tratamento transformacional das flexões verbais.

O fato é que os termos nominais derivados sufixalmente, além de se comportarem como substantivos, já constam lexicalizados com as propriedades que lhes permitem substituir o símbolo N no marcador frasal. Por outro lado, o tratamento transformacional dos nominais gerundivos do inglês, ainda que motivado pela crença de que o gerúndio funcione tão somente como uma desinência, confronta-se diretamente com a constatação empírica de que o verbo que sofre uma transformação gerundiva pode substituir um símbolo N em diversos marcadores frasais, como, por exemplo, em frases como 70.

70. O operando deve ser mantido à baixa temperatura em cirurgias de transplante.

Todavia, o léxico não comporta uma propriedade desse tipo registrada na entrada correspondente ao verbo. É por esse motivo, e nesse caso, que Chomsky vai questionar o tratamento transformacional do verbo e propor uma nova organização para o léxico, que veremos a seguir.

O que vai nos interessar mais de imediato a partir dessa discussão é o fato de que o tratamento transformacional dos gerundivos em português vai se adequar exclusivamente aos casos em que esse funciona como verbo (frases 33-37). Se nos restringíssemos a essa hipótese, seríamos, então, forçados a admitir que /-ndo/ é um morfema que funciona exclusivamente como desinência. Consequentemente, teríamos no léxico uma série de outras formas gerundivas que, não funcionando como verbo, teriam de constar no léxico como vocábulos não derivados ou derivados por um sufixo homófono à desinência. Veem-se exemplos já citados:

33. Eduardo foi chegando e dizendo que ia sair cedo hoje.
34. E vai chovendo no Rio de Janeiro. Hoje completa uma semana de chuvas incessantes.
35. Atenção! Trocando os pares. Rápido!

36. Não para! Nadando! Nadando!
37. O policial disse irritado: "Circulando! Circulando!"

Entretanto, tal como no inglês, o português pode apresentar inúmeras sentenças em que são encontradas estruturas similares àquelas em que Chomsky identifica nominais gerundivos. São as frases em que /-ndo/ cria ambiguidade entre sujeitos factuais ou advérbios de tempo (frase 68). A existência desses casos nos coloca o mesmo tipo de problema com o qual Chomsky se depara: uma sentença com o verbo no gerúndio funcionando como substantivo. Por esse motivo, ainda que adotássemos a solução transformacionalista, admitindo que /-ndo/ seja uma desinência e que o léxico comporta uma série de outros gerundivos cuja existência não pode ser lida pela gramática transformacional, restaria o fato de que em certos casos o verbo no gerúndio também pode substituir o símbolo N.

68. Este poste caindo é um perigo.

Assim sendo, no português, como no inglês, o tratamento transformacional do morfema /-ndo/ depara-se com problemas não solucionáveis. Convém recordar, também, que na gramática transformacionalista a categoria gramatical das marcas de subordinação não existe, por se tratar de uma categoria essencialmente funcional, do tipo evitado pela Teoria Gerativa. A possibilidade de uma solução nos termos que apresentei no Capítulo 2 – quando isolo o verbo de uma marca de subordinação /-ndo/ – não pode ser aplicada no modelo *standard*. Assim, não se pode isolar o verbo, em si, do nódulo N, que substitui em (68), por exemplo. Em razão disso, Chomsky (1970) teve de provocar algum tipo de modificação no léxico, a fim de que esse tipo de fato possa ser convenientemente apreciado pela teoria gramatical.

3.1.2
Hipótese lexicalista

No artigo publicado em 1970, Chomsky procura uma solução para o problema dos nominais gerundivos, especialmente voltada para a preservação do tratamento transformacional das desinências verbais. Assim, motivado pelo interesse de sustentar as regras transformacionais, o artigo sugere que sejam feitas alterações na estrutura do modelo *standard*, resultando o que se denominou *hipótese lexicalista*.

O problema a ser resolvido, nesse caso, era o fato de a desinência de gerúndio causar no verbo a possibilidade de substituir símbolos N em marcadores frasais. Na medida em que o léxico, no modelo transformacionalista, é fechado a modificações, nenhuma regra transformacional poderia, portanto, causar mudança no conjunto de propriedades previamente estabelecido no léxico. O caso do gerúndio, já descrito, não é um fato isolado no português. Poderíamos acrescentar a ele um fenômeno muito comum no português oral, em que um verbo com desinência de modo, tempo e aspecto substitui um símbolo N em ambientes análogos aos de 68[24]:

71. O que? Mentiroso! Tive medo é uma eca!
72. Comeu é mentira sua! Trate de acabar de jantar logo.

Podemos, então, verificar como a hipótese lexicalista vai proporcionar à Teoria Gerativa a possibilidade de preservar o tratamento transformacional do verbo, apesar do fato de que essa classe pode ser empregada na substituição de símbolos N em marcadores frasais.

Recorda-se que são dois os fatos que impedem o uso do tratamento transformacional do léxico no modelo *standard* convencional:

- cada item lexical já é marcado com um traço categorial que o caracteriza como pertencente a uma classe de palavras;
- termos como os nominais gerundivos do inglês são, na realidade, palavras que não se comportam nem exatamente como verbos, nem como substantivos; portanto, um possível tratamento sufixal seria impossível, por não haver no componente de base nenhum símbolo categorial correspondente a esse tipo de vocábulo que pudesse marcá-lo no léxico.

A partir daí, surgem duas modificações no que é proposto originariamente em Chomsky (1965), a saber: uma modificação de natureza sintática, que se reflete nas regras de ramificação – a Teoria $\overline{X}$ (conferir Capítulo 3 do Volume 1) – e outra, que se reflete diretamente no léxico. Ambas as modificações definem o que se denomina *hipótese lexicalista*.

A modificação no léxico proposta por Chomsky (1970) consiste basicamente numa estratégia para retirar dos vocábulos a especificação *a priori* do tipo de classe de palavra a que pertencem. Recorda-se, então, que é a especificação da classe a que pertence a entrada lexical o maior entrave para que a gramática possa absorver a propriedade sintática que os verbos têm de poderem substituir símbolos N nos marcadores frasais, uma vez que esta é uma propriedade não atribuída à classe lexical dos verbos.

A representação de uma entrada lexical no modelo *standard* leva em conta a concepção de que o léxico é apenas uma lista não ordenada de itens, cabendo, portanto, às regras de subcategorização e aos traços sintático-semânticos empregados pelas regras de seleção livres de contexto analisar possíveis redundâncias entre entradas diferentes. A partir dessa configuração, cada entrada lexical está em princípio isolada das demais, de modo que cada palavra corresponde a uma entrada. As modificações decorrentes do emprego de desinências sobre as palavras não constam do léxico, pois sua aplicação depende de regras transformacionais – de natureza sintática – aplicadas após a seleção dos vocábulos que substituem símbolos nos marcadores frasais. Uma entrada lexical pertencente à classe dos verbos poderia ser descrita como se demonstra:

$$\begin{bmatrix} /\text{eNtra'}/ \\ +V \\ +SN\_\_(SPrep) \\ \text{"operação de Z"} \end{bmatrix}$$

A forma sugerida por Chomsky (1970) para solucionar o problema dos nominais gerundivos consiste, então, em suprimir da entrada lexical o símbolo categorial [+V]. Daí resultaria que as regras de ramificação poderiam selecionar essa entrada e substituir qualquer símbolo no marcador frasal, fosse V, N ou outro qualquer. Por esse motivo, e aí já com base na Teoria $\overline{X}$, cada entrada lexical passa a conter uma descrição relativa a suas propriedades sintáticas, independentes, em princípio, de classes de palavras. Com isso, então, as entradas lexicais bifurcam-se internamente para especificar seu comportamento sintático, tal como demonstro a seguir, no caso do gerúndio do verbo *entrar*:

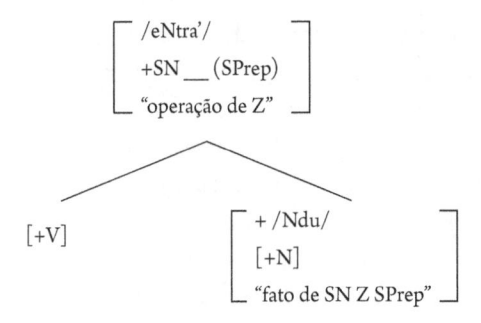

$$\begin{bmatrix} /\text{eNtra'}/ \\ +\text{SN}\_\_(\text{SPrep}) \\ \text{"operação de Z"} \end{bmatrix}$$

```
         [+V]         [ +/Ndu/           ]
                      [ [+N]             ]
                      [ "fato de SN Z SPrep" ]
```

Na medida em que já demonstrei haver no português outras formas desinenciais do verbo, que também podem substituir símbolos N em marcadores frasais (frases 71 e 72), sugiro, então, que se retire da entrada lexical a indicação da desinência /-*ndo*/. Desse modo, registra-se no léxico que qualquer forma verbal pode funcionar ora com propriedades sintáticas [+V], ora com propriedades [+N]. Daí resulta a entrada lexical:

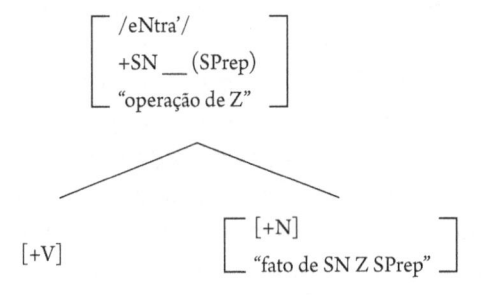

$$\begin{bmatrix} /\text{eNtra'}/ \\ +\text{SN}\_\_(\text{SPrep}) \\ \text{"operação de Z"} \end{bmatrix}$$

```
         [+V]         [ [+N]             ]
                      [ "fato de SN Z SPrep" ]
```

Esse tipo de entrada lexical é denominada *entrada neutra* por não estar marcada por nenhum símbolo que especifique uma categoria lexical. A expressão *hipótese lexicalista* decorre da consequência que afeta o modo como a sintaxe e o léxico passam a se relacionar no corpo da gramática. De fato, a partir de agora, as regras de base deverão de algum modo interpretar as informações contidas no léxico e, de alguma maneira, associá-las a símbolos categoriais. O léxico, então, deixa de ser independente da sintaxe e passa a concorrer positiva e paralelamente para o processamento das sentenças.

Uma questão a ser cuidadosamente analisada agora é o vínculo entre as partes que se bifurcam a partir do topo da entrada lexical. As bifurcações do topo da entrada determinam as propriedades sintáticas (que serão a base para a substituição de símbolos categoriais no marcador frasal) e, ocasionalmente, deverão indicar quaisquer mudanças estruturais ou semânticas decorrentes das variações sintáticas. No caso das regras que vimos anteriormente, observa-se que, ao apresentar o traço [+N], o vocábulo ganha uma especificação de natureza semântica ("fato de ..."). O problema com isso é que, sofrendo modificações, semânticas ou sintáticas, a entrada lexical se descaracteriza e pode, portanto, ser tratada como uma outra entrada independente. Todavia, recorda-se que traços sintáticos não têm propriedades sufixais para derivar novas palavras.

Chomsky (1970) vai tratar desse problema empregando o princípio, já constante do modelo *standard*, de que as regras de subcategorização interpretam as redundâncias entre itens lexicais derivados. Como, entretanto, a hipótese lexicalista retira do léxico indicadores categoriais, a distinção entre derivados e suas bases – como nominalizações e verbos – deixa de existir e tais vocábulos podem ser tratados a partir de uma mesma entrada lexical, que, mesmo se bifurcando em várias, permanece única por força das regras de redundância. Desse modo, a classificação de um nominal gerundivo do inglês como verbo, substantivo ou outra coisa qualquer torna-se absolutamente irrelevante nessa configuração de gramática, visto que, independentemente da classe gramatical, a sintaxe e o léxico, juntos, conseguem derivar sentenças adequadas. No caso do português, essa hipótese torna-se ainda mais interessante, visto que o comportamento do verbo substituindo símbolos N nos marcadores frasais não é restrito a uma de suas formas desinenciais, mas se estende a todas. Caso tivéssemos de trabalhar com entradas separadas para cada caso, seríamos obrigados a dizer que, a partir de qualquer verbo, haveria uma outra entrada lexical pertinente ao mesmo verbo com o traço [+N].

Em consequência do exposto no parágrafo anterior, quando se retira da entrada lexical a informação relativa à categoria gramatical, permite-se estender o tratamento dado aos verbos e suas formas desinênciais até os termos derivados. Um termo como *entrada* pode ser descrito no léxico como mais uma bifurcação do topo da entrada que descreve *entrar*. Teríamos, então:

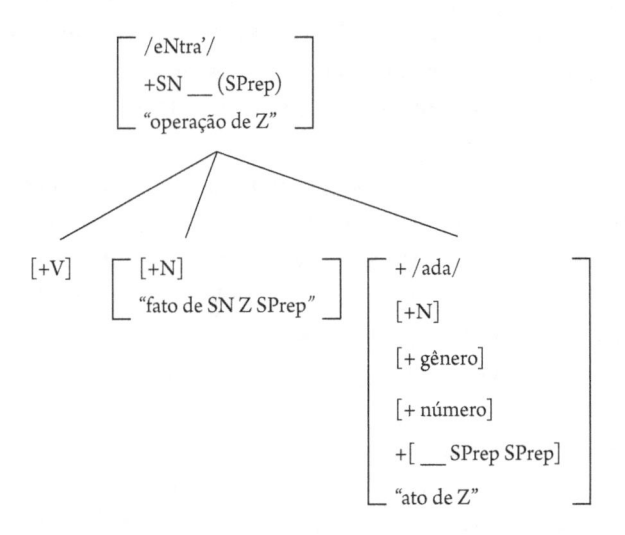

$$\begin{bmatrix} /\text{eNtra'}/ \\ +\text{SN} \underline{\quad} (\text{SPrep}) \\ \text{"operação de Z"} \end{bmatrix}$$

$[+V] \quad \begin{bmatrix} [+N] \\ \text{"fato de SN Z SPrep"} \end{bmatrix} \quad \begin{bmatrix} +/\text{ada}/ \\ [+N] \\ [+\text{gênero}] \\ [+\text{número}] \\ +[\underline{\quad}\text{SPrep SPrep}] \\ \text{"ato de Z"} \end{bmatrix}$

Através da hipótese lexicalista, torna-se possível, indiscutivelmente, tratar dos casos de gerundivos desinenciais do português que funcionam como verdadeiros verbos, nos casos já apresentados antes. O problema encontrado com o tratamento descrito no modelo *standard* deixa de existir na medida em que o próprio verbo passa, com o emprego das entradas neutras, a ser facilmente descrito, seja quando se apresenta propriamente como verbo, seja quando substitui símbolos N nos marcadores frasais. Resta agora analisar se a hipótese lexicalista é capaz de dar conta, também, dos demais tipos de palavras gerundivas do português, tais como aquelas que foram apresentadas no item 2.3 do capítulo anterior. Verifiquemos de que forma podemos analisar isso.

Uma vez que a relação entre as palavras e seus derivados está imediatamente atrelada a uma única entrada lexical, as regras de redundância só serão capazes de absorver os casos em que haja, de fato, plena redundância. Ao sugerir as entradas neutras e a inclusão dos casos de nominalizações dentro delas, Chomsky (1970) está trabalhando exclusivamente com a hipótese de que o nominal sempre reflita a substantivação da operação predicativa, assegurando-se, assim, de que haverá, de fato, redundância entre o derivado e o verbo. A hipótese de Chomsky costuma não ser bem interpretada, por força de se confundir a indicação [+N] e [+V], constante nas entradas neutras, com indicações do tipo

[+ substantivo comum] ou [+ verbo]. [+N] e [+V] não se confundem com [+ substantivo comum] ou [+ verbo], pois os traços sintáticos referem-se a propriedades sintáticas (conferir item 3.1), e não a classes de palavras.

Considerando-se essa observação, a possibilidade, ou não, de adotar a hipótese lexicalista no tratamento das formas gerundivas do português não está relacionada à classe de palavras a que passem a pertencer ou a se assemelhar. São outras as condições de avaliação da aplicabilidade da hipótese lexicalista sobre os gerundivos. Somente poderemos adotar essa hipótese se ambas as condições a seguir forem satisfeitas:

- condição de redundância semântica: que o par formado por base e gerundivo preserve entre si redundância semântica;
- condição de generalidade na classe: que para cada base do mesmo tipo possa haver um par "base/gerundivo".

A condição de redundância semântica atende à necessidade de que haja redundância entre as partes que se bifurcam em cada entrada lexical, a fim de que estas possam estar relacionadas a uma única entrada. Já a condição de generalidade na classe atende à teoria da gramática, considerando-se que a hipótese lexicalista está em busca de padrões regulares dentro do léxico – durante toda a sua argumentação, Chomsky (1970) leva em conta o fato de que para cada verbo pode-se derivar um par formado por "verbo/nominalização". O emprego de sufixos parece atender a essa condição, na medida em que tende a estabelecer um corolário de relações previsíveis entre termos de uma classe de palavras que funcionam como base e outras classes de palavras, que recebem os derivados. Assim, se é verdade que de um verbo se pode derivar um substantivo, é verdadeiro que de qualquer verbo se podem derivar substantivos, mesmo com sufixos variados. Genericamente, isso significa que: se é verdade que se pode derivar de um termo de X uma palavra de Y, então é verdade que de qualquer termo de X deriva-se um termo de Y, sendo X e Y classes de palavras quaisquer.

Em consequência da condição de generalidade na classe, **surge então outra condição que se refere à necessidade de haver uma base no processo de derivação:**

* Condição de reciprocidade: todo par X ↔ Y tem uma base e um derivado, de modo tal que a informação redundante se encontra na base e se repete no derivado.

Consideradas a condição de redundância semântica, a condição de generalidade na classe e a condição de reciprocidade, analiso a seguir a situação de cada tipo de gerundivo diante da hipótese lexicalista.

Primeiramente, com relação aos termos gerundivos que funcionam tal e qual termos de outras classes:

* caso de *segundo*, que funciona como ORD (ordinal) – a hipótese lexicalista não se aplica, porque não atende à condição de redundância semântica – o termo derivado não tem redundância semântica nem sintática com a base *seguir* – nem à condição de generalidade na classe – o processo só se aplica a um único verbo do léxico português;
* caso de gerundivos que funcionam como substantivos (*mestrando, bacharelando* etc.) – como no caso anterior, não atende nem a condição de redundância semântica – não há redundância plena entre a base verbal e o gerundivo que funciona como substantivo comum – nem a condição de generalidade na classe – poucos gerundivos podem funcionar como substantivos comuns – e a condição de reciprocidade, tampouco, pois muitos gerundivos que funcionam como substantivos têm bases que provêm do latim (por exemplo, *comenda*) e, portanto, não teriam como apresentar um par no léxico português; há, ainda, o caso de *odontolando* (adjetivo que pode funcionar como substantivo), cuja base verbal não existe, nem no português, nem no latim;
* caso de gerundivos que funcionam como MODO (advérbio de modo) – não satisfaz a condição de redundância semântica, porque a interpretação semântica destes gerundivos é "modo como Z", tal que Z é, na realidade, a interpretação semântica do predicador que o gerundivo qualifica; na frase 38, Z corresponde ao significado de *deixar*, e não de *correr*; assim sendo, a interpretação do MODO não é redundante com a sua base verbal, pois não é essa predicação que se considera, mas a predicação expressa pelo termo a que se refere; quanto à condição de generalidade na classe, é preciso fazer

algumas considerações: embora o uso de gerundivos como MODO seja muito frequente, não é generalizável, pois há bases de que não se derivam gerundivos desse tipo, assim como em 73 e 74:

38. Eduardo deixou correndo a sala para ir ao banheiro.
73. *Olívia chegou esquecendo-se de trazer o livro[25].
74. ??O filme acabou ocorrendo um assassinato.

A frase 74 não parece apresentar um gerundivo interpretável como MODO, mas, talvez, como TEMPO. A expressão *ocorrendo um assassinato* não sugere ser o modo como o filme terminou – o que poderia ser expresso por advérbios como bem ou mal – mas, sim, uma circunstância. O verbo ocorrer não deriva gerundivos interpretáveis como MODO. Entretanto, a situação de o verbo ocorrer no léxico do português difere da situação dos demais verbos também em outros casos. Do mesmo modo que se postula um par N↔V para verbos e nominais (o que é verdadeiro para *ocorrer/ocorrência*), postula-se, por força da generalização que se deseja imprimir no léxico, a existência de pares ADJ↔V e ADJ↔MODO. Embora o par ADJ↔V seja possível no português para o caso de *ocorrer↔ocorrível*, o par *ocorrível↔ocorrivelmente* é impossível. A impossibilidade de haver um termo como *ocorrivelmente* no léxico do português deve-se aos mesmos fatores que impedem a interpretação de *ocorrendo* como MODO: a configuração semântica de *ocorrer* não é compatível com a formação de advérbios de modo. Convém verificar se esse problema pode ser analisado através de classes mais restritas do que a dos verbos. O verbo *ocorrer* pertence a uma subclasse de verbos que têm o mesmo comportamento: formam pares N↔V, podem formar pares ADJ↔V, mas não formam pares ADJ↔MODO. Trata-se de verbos como *ocorrer, dar-se, acontecer, nascer, sobreviver* etc. – predicadores que especificam aspectos existenciais – que podem derivar substantivos ou adjetivos (mesmo que potencialmente), mas não podem derivar advérbios de modo. O problema de ocorrer, então, não contradiz a máxima que associa pares X↔Y no léxico. Ao contrário, reforça apenas a necessidade de que certas classes de palavras sejam desmembradas em subclasses especificadas através da ampliação de traços semânticos, tal como se realiza no Volume 3 desta coleção.

Concluindo-se, então, entre os casos em que o gerundivo funciona tal e qual membros de outras classes, apenas um pode ser plenamente descrito pela hipótese lexicalista: o dos gerundivos que funcionam como verbos. Todos os demais trazem problemas por não atenderem às três condições básicas.

Vejamos a seguir o que ocorre com os gerundivos que apenas se assemelham aos membros de outras classes. Inicialmente, a hipótese lexicalista já auxilia muito no tratamento desses casos por suprimir a indicação de traços categoriais das entradas lexicais. Retirando-se esses traços, não há mais o problema de definir a que classe tais gerundivos pertencem. Todavia, para que de fato se possa usar esse tratamento sobre essas palavras, é necessário que todas as três condições sejam satisfeitas. Vejamos, então, cada um dos casos:

- gerundivos que se assemelham a adjetivos essenciais – sua interpretação semântica não chega a ser tão diversa da interpretação da base; todavia, por força de sua natureza sintática, ganha um predicado semântico não relacionado à interpretação da base: "que está Z"; ainda em consequência de sua natureza sintática, esse tipo de gerundivo vai diferir dos outros que têm redundância com a base verbal pelo fato de jamais regerem caso a um complemento subjetivo[26]. Relativamente à condição de generalidade na classe e à condição de reciprocidade, dão-se as mesmas restrições que se aplicam aos gerundivos que funcionam como substantivos, a saber: muitos dos gerundivos que funcionam como adjetivos essenciais têm bases que provêm do latim e, entre os gerundivos, apenas alguns podem funcionar como adjetivos essenciais;
- gerundivos que se assemelham a intensificadores (por exemplo, caindo de chique) – esse é um caso que não pode ser considerado pela hipótese lexicalista, uma vez que se trata de locuções formadas por "X-ndo de Y"; além de serem restritos a poucos verbos, devem ser tratados juntamente com outros fenômenos equivalentes, como as expressões idiomáticas;
- gerundivos que se assemelham a coesivos – não atendem à condição de redundância semântica, uma vez que não são interpretados como "operação predicadora" em nenhuma circunstância; na verdade, interpretam-se como verdadeiros advérbios, podendo muitas

vezes omitir todos os complementos da base, tal como se observa em 55 e 56; a condição de generalidade na classe, tal como no caso dos gerundivos que funcionam como advérbios de modo, pode ser atendida se for considerada como base apenas uma subclasse de verbos que funcionem como marcadores coesivos;

55. Iniciando: boa tarde!
56. Concluindo esta parte, apresento a seguir os exemplos.

- gerundivos assemelhados a QU-, REL e QU-A – nenhum desses casos pode ser considerado na hipótese lexicalista, pois se trata de categorias que não são consideradas pela Teoria Gerativa da mesma forma como o fazemos aqui[27];
- gerundivos assemelhados a advérbios de tempo (por exemplo: *Esse garoto* caindo) – a única diferença entre esse caso e o caso dos gerundivos assemelhados a ADJE é o fato de que qualquer base verbal pode derivar gerundivos assemelhados a T, atendendo à condição de generalidade na classe; entretanto, não se altera o fato de que continua não havendo redundância semântica entre gerundivos assemelhados a (T) e suas bases verbais;
- gerundivos assemelhados a Prep4 (por exemplo: excetuando-se *Maria*) – quando funciona como esse tipo de preposições, o gerundivo atende à condição de redundância semântica, pois mantém plena redundância com a base; nesse caso, a omissão aparente do complemento subjetivo difere da que se verifica nos casos dos gerundivos que funcionam como ADJE; ao se assemelharem a Prep4, os gerundivos sempre são empregados com uma categoria vazia que corresponde a um sujeito indeterminado[28]; a condição de generalidade na classe também é satisfeita, pois esse tipo de gerundivos pode ser derivado de subclasses verbais que contenham verbos como *tirar*, *incluir* etc. Gerundivos assemelhados a Prep4 podem, portanto, ser analisados através da hipótese lexicalista.

Diante dos dados apresentados, pode-se observar que a hipótese lexicalista atende satisfatoriamente a apenas um dos seis casos de gerundivos que se assemelham a termos de outras classes de palavras. Tomando-se todo o conjunto de palavras gerundivas, o tratamento proposto em

Chomsky (1970) demonstra-se pouco proveitoso, visto atender a apenas dois dos dez casos a considerar, a saber: o caso dos gerundivos que funcionam tal e qual verbos e o caso dos que se assemelham a termos de Prep4. Em todos os demais, pelo menos uma das três condições para emprego da hipótese lexicalista não se aplica, seja por não se encontrar redundância entre a base e o gerundivo derivado, seja por se tratar de casos isolados dentro da classe dos verbos, não tratáveis por intermédio do emprego de subclasses menos abrangentes, seja, finalmente, por não haver base no léxico português para formar um par "base/gerundivo".

O tratamento sintático dado ao caso do morfema /-ndo/ em português pela hipótese lexicalista tende, portanto, a reforçar a sua divisão entre desinência e outra coisa qualquer que está além da sua capacidade de identificar. Essa outra coisa não poderia ser um sufixo, visto que a hipótese lexicalista não pode absorver, nem mesmo, todos os casos em que o gerundivo se comporta como membro de outras classes – únicos casos em que se caracteriza um processo derivacional tipicamente sufixal. O fato de não se poder determinar a partir dessa hipótese uma classificação para o morfema /-ndo/ seja como uma coisa só, seja como várias, a torna extremamente desinteressante para os nossos fins, visto que nos deixa irremediavelmente sem solução para o problema maior dos termos gerundivos da língua portuguesa. Seríamos forçados a admitir, então, que, à exceção dos casos em que funciona como desinência verbal, o morfema /-ndo/ é uma parte indivisível das palavras em que se encontra[29].

Em razão disso, posso concluir que um tratamento de motivação estritamente sintática para o problema de /-ndo/ em português não rende o resultado que se espera para descrever o comportamento dos gerundivos. Por esse motivo, avanço em seguida para discutir como tratamentos de motivação morfológica poderiam contribuir para minimizar esse quadro.

3.2
Tratamentos de motivação morfológica

Os tratamentos de motivação morfológica propriamente são aqueles que concentram esforços no sentido de descrever os processos derivacionais que analisam palavras já existentes ou criam palavras novas. Além disso, esses estudos investigam a melhor forma de organização do léxico, capaz de registrar as informações relativas a cada palavra e, ao mesmo tempo, analisam possíveis processos derivacionais ocorridos em sua formação.

Em nosso caso, busco com esse tipo de estudos uma forma de descrever adequadamente o morfema /-ndo/ e, possivelmente, caracterizar um processo derivacional de tal ordem que me permita tratar os gerundivos como membros de uma classe de palavras independente das demais já apresentadas até o presente momento.

Na realidade, a motivação que levou a se substituirem tratamentos lexicais de base essencialmente sintática por tratamentos essencialmente morfológicos é, em princípio, diversa da minha motivação, exposta no parágrafo anterior. Isso, porém, não impede que os resultados apresentados para a solução do tipo de problema que Basílio (1980) expõe, por exemplo, no excerto a seguir, redunde em alternativas descritivas que venham ao encontro das minhas necessidades. O problema de que trata Basílio (1980, p. 30) é descrito a seguir.

> Mas o maior problema para o tratamento que Chomsky propõe para nominalizações quando supomos o contexto mais abrangente de uma teoria do léxico, é que a proposta não leva em conta o fato de que formas nominalizadas de verbos têm uma existência independente no léxico, no sentido de que podem servir como bases para formações derivacionais posteriores. [...] Consideremos, por exemplo, o caso de palavras como *transformismo* e *transformista*, de *transformar*; e *transformacional*, de *transformação*. De acordo com a proposta de Chomsky teríamos uma proposta única [...] Mas, se *transformação* é uma mera forma fonológica da entrada lexical *transforma*, como poderemos dar conta do fato de que *transformação* é a base para a formação do adjetivo *transformacional*? Temos que estabelecer outra entrada lexical, *transformação*, no léxico, ou, então, considerar *transformacional* como uma subforma da entrada lexical *transforma*.

Um fato similar ao que é descrito em Basílio (1980) foi apresentado quando discuti o comportamento da hipótese lexicalista aplicada ao tratamento de gerundivos que funcionam como advérbios de modo. Naquela ocasião, verifiquei que a condição de generalidade na classe só se aplica aos gerundivos que funcionam como advérbios de modo porque são comparáveis ao comportamento dos verbos e seus derivados adjetivos que formam advérbios com o sufixo /-mente/. O ciclo derivacional que encerra, primeiramente, um par ADJ↔V (como provar/provável) e, em seguida, um par dependente do anterior, MODO↔ADJ (provavelmente/provável), não poderia ser analisado através do que Chomsky (1970) propõe, porque a organização do léxico em entradas neutras impediria que se considerasse o termo *provável* como base para a formação de *provavelmente*. Enfim, não é possível, através de entradas neutras, relacionar o verbo que iniciou o ciclo derivacional com o advérbio de modo que encerrou a cadeia. Consequentemente, poderíamos, a partir daí, ou tirar conclusões inadequadas quanto à procedência daquela condição para testar a aplicabilidade da hipótese lexicalista, ou atestar, equivocadamente, que ela não se aplicaria ao caso dos gerundivos que funcionam como advérbios de modo. Os trabalhos de motivação morfológica que vou apresentar a seguir são originários de Jackendoff (1975) e Basílio (1980). Esses trabalhos vão discutir exatamente: (i) a substituição das entradas neutras por entradas plenas; (ii) a questão das regras de redundância; (iii) Regras de Formação de Palavras (RFPs) e RAEs.

3.2.1
Regras de redundância

De modo a solucionar de imediato o problema descrito no trecho de Basílio (1980) apresentado anteriormente, Jackendoff (1975) sugere substituir o emprego de entradas neutras por entradas plenas. As entradas plenas propostas por Jackendoff (1975) reintroduzem no léxico as especificações de cada palavra com relação à categoria gramatical a que pertence. Ao mesmo tempo, essas entradas retiram as bifurcações que correspondiam, na hipótese lexicalista, às especificações sintático-semânticas relacionadas aos termos redundantes. Assim sendo, palavras como *entrar* e *entrada* deixam de pertencer à mesma entrada lexical e passam a figurar em entradas diferentes.

Na medida em que o trabalho de Jackendoff (1975) tem motivação morfológica, e não sintática, desconsidera-se o fato de que, reintroduzindo especificações categoriais nas entradas lexicais, torna-se a ter novamente o tipo de problema relacionado, por exemplo, ao fato de que verbos podem substituir símbolos N nos marcadores frasais. Assim sendo, a solução de Jackendoff (1975) para o problema dos ciclos derivacionais não previstos pela Teoria das Entradas Neutras acaba por trazer de volta o problema de que as especificações sintático-semânticas das categorias lexicais atribuídas às palavras nem sempre são compatíveis com o seu verdadeiro comportamento sintático. Observa-se, então, o que se disse aqui acerca de problemas que decorrem quando se focaliza apenas o aspecto morfológico, ou o aspecto sintático da questão derivacional. Se, por um lado, Chomsky (1970) soluciona a questão sintática de termos da classe dos verbos poderem substituir símbolos N nos marcadores frasais – causando um problema para a descrição e análise de ciclos derivacionais no léxico devido ao emprego de entradas neutras –, por outro, Jackendoff (1975) soluciona o problema particular dos ciclos derivacionais no léxico, deixando em aberto – mais uma vez – a questão discutida em Chomsky (1970), de grande importância para a descrição sintática. No momento apropriado, deverei, então, apresentar uma solução para esse problema. Por ora, vejamos que casos de gerundivos podem ser tratados a partir da proposta de Jackendoff (1975).

As entradas plenas propostas em Jackendoff (1975) causam ao léxico o risco de se tornar outra vez uma simples lista não ordenada de palavras, conforme era descrito em Chomsky (1965). Para se assegurar de que isso não se desse, Jackendoff (1975) apresentou um mecanismo que relaciona entradas lexicais, ampliando a noção de redundância (conferir redundância lexical no excerto de Chomsky, 1965, no Capítulo 3). Tal mecanismo é denominado *Regra de Redundância Lexical* (RRL).

As RRLs inspiram-se no modelo *standard* de gramática gerativa, mais particularmente nas regras de subcategorização que interpretam as redundâncias lexicais (cf. Chomsky, 1965, transcrito em 3.1.1). Através do emprego das RRLs, já se pode, de imediato, solucionar o problema de haver gerundivos que não apresentam plena redundância semântica com sua base verbal. A partir de Jackendoff (1975), passa a haver duas entradas independentes entre si (a base e o gerundivo), relacionadas através de uma RRL. Observa-se o exemplo em que são apresentadas as entradas lexicais correspondentes a um gerundivo que funciona tal como advérbio de modo e sua base verbal:

$$\begin{array}{cc} [A] & [B] \\ \text{"correndo"} & \text{"corre-"} \end{array}$$

$$\left[\begin{array}{l} B + /\text{-Ndu}/ \\ + \text{MODO} \\ \overline{V} \to \underline{\quad} V \\ \text{"modo como N predica"} \end{array}\right] \quad \left[\begin{array}{l} /\text{kore-}/ \\ +V \\ \overline{V} \to \text{Espec} \underline{\quad} \\ \text{"operação predicativa"} \end{array}\right]$$

As entradas A e B relacionam-se através da RRL que apresento logo a seguir. A regra descrita relaciona não apenas A e B, mas também quaisquer outras entradas lexicais que atendam às mesmas especificações. Através de RRLs, consegue-se reduzir muito o custo de aplicação das regras de subcategorização, que, antes, deveriam analisar entrada por entrada devido à ausência de regras capazes de fazer generalizações acerca de grupos de palavras do léxico.

$$\left[\begin{array}{l} X \\ Y + /\text{-Ndu}/ \\ +\text{MODO} \\ \overline{V} \to \underline{\quad} V \\ \text{"modo como N predica"} \end{array}\right] \quad \left[\begin{array}{l} Y \\ /Y/ \\ +V \\ \overline{V} \to \text{Espec} \underline{\quad} \\ \text{"operação predicativa"} \end{array}\right]$$

Empregando-se entradas plenas e Regras de Redundância Lexical, já se consegue dar conta da maioria dos casos de gerundivos que funcionam tal e qual membros de outras classes. Torna-se, a partir daqui, irrelevante que o par "derivado/base" tenha ou não plena redundância semântica, uma vez que passamos a encontrar duas entradas lexicais independentes entre si. Portanto, o caso dos gerundivos equivalentes a advérbios de modo pode ser tratado da maneira como descrevi nas regras acima. Entre os demais casos de gerundivos que funcionam tal e qual membros de outras classes, há, ainda, aqueles que são restritos a apenas parte da classe dos verbos, não atendendo à condição de generalidade na classe. Essas situações também podem ser tratadas via RRLs, porque na definição das entradas plenas não há mais a expectativa de que pares derivacionais de um tipo X↔Y sempre tenham de ocorrer. Essa flexibilidade permite que um par do tipo "verbo/gerundivo" seja verdadeiro para algumas palavras e não para outras.

A flexibilidade a que me refiro é válida, porém, exclusivamente quando se considera a relação entre uma base possível e seu derivado. Isso significa que nem toda base verbal deverá derivar uma forma gerundiva que funcione como substantivo comum ou ordinal, por exemplo. Quando se considera o caso inverso, a proposta de Jackendoff (1975) não traz qualquer modificação: nenhum termo derivado pode constar do léxico sem que haja uma base a ele relacionada. Portanto, a condição de reciprocidade, necessária quando do emprego da hipótese lexicalista, não pode ser, ainda, considerada como superada. Por esse motivo, grande número dos gerundivos que funcionam como substantivos comuns (*agenda, redondo, vivenda* etc.) continua não podendo ser tratado por constituírem formas cujas bases ou só existem no latim, ou existem através de truncamento.

Ao lado dos gerundivos que funcionam como substantivos, encontram-se, também, todos os gerundivos que simplesmente se assemelham a termos de outras classes. Essas palavras estão impedidas de serem tratadas pela proposta de Jackendoff (1975), porque essa proposta reintroduz traços referentes a categorias lexicais, que não podem, obviamente, ser aplicados a termos que não apresentam propriedades integralmente compatíveis com aquelas categorias. Antes de podermos pensar em soluções para esses casos, devemos nos concentrar num outro ponto que ainda pode nos causar problemas. Trata-se do fato de que os termos gerundivos podem funcionar, idêntica ou semelhantemente, a termos de diversas classes de palavras.

De algum modo, a teoria lexical deverá apresentar um meio de descrever o fenômeno de uma mesma palavra (por exemplo, *consultando*) derivar de uma mesma base, de um mesmo morfema /-ndo/, e, ainda assim, funcionar como coisas tão diferentes quanto o que se observa nas frases a seguir:

- Gerundivo funcionando como substantivo comum:

    75. Atenção! Informamos aos consultandos que os médicos deverão deixar os consultórios por alguns instantes. Queiram, por favor, aguardar pela continuação do atendimento, no próprio consultório.

- Gerundivo funcionando como adjetivo essencial:

    76. Ora, os pacientes consultandos são muito diferentes dos pacientes pós-operados: eles podem falar o que estão sentindo; esses dependem da gente pra tudo, porque estão ainda anestesiados.

- Gerundivo funcionando como advérbio de modo:

77. Esse médico é autodidata: aprendeu a medicina consultando as pessoas.

- Gerundivo funcionando como advérbio de tempo:

78. Os médicos, operando, se transformam em outras pessoas.

- Gerundivo funcionando como verbo:

79. "...Chegou... Eu fui operando logo!" – disse o colega do Inamps.

Para resolver esse problema, precisarei de um outro recurso de descrição e análise lexical apresentado por Jackendoff (1975): as Regras de Redundância Morfológica (RRMs) separadas das Regras de Redundância Semântica (RRSs).

3.2.2
Regras morfológicas e regras interpretativas

Um dos problemas que Jackendoff (1975) aborda é o fato de que, normalmente, as línguas podem apresentar mais de um sufixo para derivar palavras de uma certa classe a partir de bases pertencentes a uma outra classe. No caso do português, por exemplo, citam-se os sufixos /-agem/, /-mento/ e /-ção/ que criam substantivos comuns a partir de verbos e que podem ser interpretados semanticamente como sinônimos. Jackendoff observa, também, que, aliado a esse fato, muitas vezes o efeito semântico que o derivado apresenta pode ser independente do efeito que se esperaria resultar da base. Trata-se dos casos de palavras como *entrada*, que tanto pode ser interpretada como a nominalização do ato de uma predicação com o verbo *entrar*, quanto como *local que dá acesso a algum ambiente*.

Os fatos descritos motivaram a proposta de dissociação de regras que relacionam palavras a partir do aspecto morfológico e regras que relacionam palavras a partir do aspecto semântico. São as chamadas *RRMs* e *RRSs*, citadas no final do último item. Tanto as RRMs como as RRSs são regras interpretativas que têm por função analisar as palavras já existentes no léxico. Uma RRM é capaz de determinar, por exemplo, que uma entrada lexical cuja forma fonológica contenha o sufixo /-agem/ está relacionada a uma outra entrada lexical marcada como +V (leia-se *mais verbo*, pois se trata de uma classe de palavras). Essa regra está associada a uma RRS que prevê que certos substantivos podem ser interpretados como o "ato de Z", em que Z é interpretado como o significado de uma entrada marcada como +V. A vantagem desse tipo de regras é justamente o fato de que a relação entre RRMs e RRSs não impede que uma determinada palavra que atende aos princípios de redundância morfológica apresente um significado completamente independente do de sua base. Recorda-se: isso só é possível porque ambas as entradas têm existências independentes no léxico. Apresento adiante um exemplo de RRMs e RRSs:

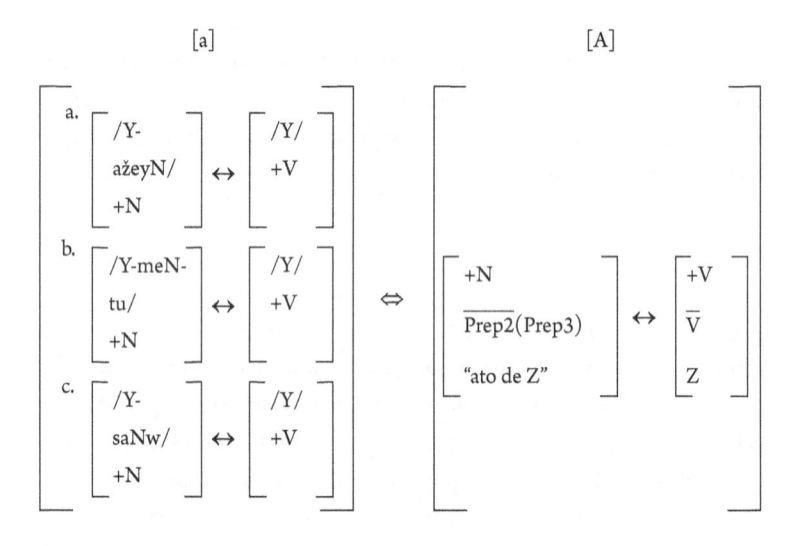

$$
\begin{array}{cc}
[a] & [A]
\end{array}
$$

$$
\left[\begin{array}{l}
a. \left[\begin{array}{l} /Y\text{-ažeyN}/ \\ +N \end{array}\right] \leftrightarrow \left[\begin{array}{l} /Y/ \\ +V \end{array}\right] \\
b. \left[\begin{array}{l} /Y\text{-meN-tu}/ \\ +N \end{array}\right] \leftrightarrow \left[\begin{array}{l} /Y/ \\ +V \end{array}\right] \\
c. \left[\begin{array}{l} /Y\text{-saNw}/ \\ +N \end{array}\right] \leftrightarrow \left[\begin{array}{l} /Y/ \\ +V \end{array}\right]
\end{array}\right] \Leftrightarrow \left[\begin{array}{l} +N \\ \overline{\text{Prep2(Prep3)}} \\ \text{"ato de Z"} \end{array}\right] \leftrightarrow \left[\begin{array}{l} +V \\ \overline{V} \\ Z \end{array}\right]
$$

Basílio (1980, p. 35-36) comenta que a utilização de regras separadas para descrever redundância morfológica e semântica é interessante no caso das nominalizações, pois, via de regra, o tipo de palavra resultante destas pode ter certas interpretações semânticas que perdem relação com a interpretação "ato de Z". Assim, vocábulos como *entrada* têm de ser associados a duas RRSs diferentes. Ao empregar regras separadas para aspectos morfológicos e semânticos, Jackendoff consegue caracterizar, na teoria lexical, que o custo de referência entre bases e vocábulos derivados por certos sufixos é muito maior do que em outros casos. Segundo Basílio (1980, p. 35-36):

o custo de referência a duas regras de redundância diferentes, ao invés de apenas uma, reflete adequadamente o fato de que a conexão entre um significado ou conjunto de significados e um dado sufixo é idiossincrásica e, consequentemente, deve ser considerada e computada como informação nova e imprevisível.

Entretanto, Basílio (1980) vai apresentar críticas ao emprego generalizado das RRMs e RRSs, uma vez que há muitos casos em que a interpretação semântica dos derivados de um sufixo é totalmente previsível. Nesse caso, o custo de referência deixa de ser interessante. A mim não vem ao caso, no momento, analisar a pertinência ou não desse custo estendido a todos os tipos de derivações sufixais. Mesmo assim, vou me aprofundar mais na questão levantada por Basílio (1980) a fim de verificar que consequências para o caso dos gerundivos podem ser extraídas a partir da relação entre sufixos formadores de adjetivos no português e os dois tipos de regras em questão.

3.2.3
Generalização do princípio aos adjetivos e outras classes

Existem vários sufixos formadores de adjetivos no português, mas por ora gostaria de me concentrar particularmente em /-vel/ e /-ivo/, que formam adjetivos essenciais (ADJE) a partir de bases verbais. Meu objetivo é verificar o que ocorre quando se tenta aplicar as RRMs e as RRSs na análise das palavras derivadas por esses dois sufixos. Consideram-se, então, as regras apresentadas:

$$
\begin{matrix}
\text{a.} \begin{bmatrix} /\text{X-v}\varepsilon\text{u}/ \\ +\text{ADJE} \end{bmatrix} \leftrightarrow \begin{bmatrix} /\text{X}/ \\ +\text{V} \end{bmatrix} & \text{A.} \begin{bmatrix} +\text{ADJE} \\ \text{"pode ser Z-do"} \end{bmatrix} \leftrightarrow \begin{bmatrix} +\text{V} \\ \text{Z} \end{bmatrix} \\
& \Leftrightarrow \\
\text{b.} \begin{bmatrix} /\text{X-ivu}/ \\ +\text{ADJE} \end{bmatrix} \leftrightarrow \begin{bmatrix} /\text{X}/ \\ +\text{V} \end{bmatrix} & \text{B.} \begin{bmatrix} +\text{ADJE} \\ \text{"causa Z"} \end{bmatrix} \leftrightarrow \begin{bmatrix} +\text{V} \\ \text{Z} \end{bmatrix}
\end{matrix}
$$

As regras a, b, A e B, isoladamente, não parecem sugerir qualquer espécie de problema ao descreverem os aspectos morfológico e semântico da derivação com /-vel/ e /-ivo/. Contudo, quando a, b, A e B são associadas – e, recorda-se, as RRMs e as RRSs sempre se associam mutuamente –, surgem problemas. As associações válidas serão a↔A e b↔B, ambas capazes de relacionar o derivado do sufixo à interpretação semântica adequada. Ocorre, entretanto, que não há nenhum mecanismo previsto, até o momento, que impeça a seleção de b↔A ou a↔B, ambas falsas.

O problema é que a interpretação semântica dos derivados com os sufixos /-vel/ e /-ivo/ é previsível e específica. Não é qualquer ADJE que pode ser interpretado como "causa Z": os derivados de /-vel/ não podem. Essa é uma situação muito particular e diferente do caso das nominalizações que abordei anteriormente. Enquanto que no caso de /-agem/, /-mento/ e /-ção/ as três regras morfológicas convergem para uma única RRS, no caso das regras apresentadas anteriormente, cada RRM, a ou b, pode convergir para uma ou outra RRS, A ou B. Como esse mecanismo associativo aleatório pode ocasionalmente relacionar regras que não se associam (a↔B ou b↔A), resta-nos optar entre duas alternativas: ou se rejeita o emprego generalizado de RRMs e RRSs a todos os tipos de derivações possíveis; ou se formula um mecanismo para direcionar cada RRM apenas às RRSs adequadas.

Caso optemos por rejeitar o emprego dos dois tipos de regras, devemos ter em mente que tornaremos a nos deparar com o fato de que nem todos os sufixos têm um significado final previsível – tal como nos casos das nominalizações do tipo de entrada ("ato de entrar" ou "local por onde Z"), ou mesmo dos gerundivos como *doutorando* ("estado de estar sendo Z" ou "sujeito que está sendo Z"). Diante disso, vou estabelecer aqui que só será vantajoso buscar uma nova solução para essa questão se não for possível, preservando-se as RRMs e RRSs, solucionar o caso de /-vel/ e /-ivo/.

Na medida em que duas palavras como *curável* e *curativo* têm a mesma base – o verbo *curar* –, não parece, a princípio, que se consiga solucionar o caso da seleção de RRSs com significados especializados a partir do mesmo recurso que empreguei para tratar dos advérbios de modo anteriormente. Se para os advérbios formados com /-mente/ é possível resolver a questão a partir de uma subclassificação de verbos (conferir em 3.2), o mesmo não se pode fazer com os sufixos /-vel/ e /-ivo/, uma vez que ambos podem derivar da mesma base. Não se poderia, portanto, postular que /-vel/ se aplicasse a verbos da subclasse "X" e /-ivo/ aos da subclasse "Y", solucionando-se o problema através da substituição do símbolo categorial constante nas RRMs e RRSs. Desse modo, a solução que buscamos não necessariamente poderá se dar através da substituição do símbolo +V nas regras de redundância por outro mais específico.

Tentemos, então, outro expediente. As próximas frases apresentam a forma verbal *curar* acompanhada do maior número de complementos possíveis e, em seguida, duas frases que apresentam derivados com os sufixos /-vel/ e /-ivo/.

80. $_1$[O médico] curou $_2$[o paciente] $_3$[com ervas amazônicas].
81. $_2$[O paciente curável] foi separado dos demais.
81a. *$_2$[O paciente curativo] foi separado dos demais.
82. $_3$[As ervas amazônicas curativas] salvaram o paciente.
82a. (?) $_3$[As ervas amazônicas curáveis] salvaram o paciente.

Na frase 80:

$_1$ corresponde a um $\overline{N}$^{nominativo} com o traço [+ agente];

$_2$ corresponde a um $\overline{N}$^{acusativo} com traço [+ objetivo];

$_3$ corresponde a um $\overline{Prep3}$ com o traço [+ instrumento].

Como se pode observar, o adjetivo derivado não se associa aleatoriamente a qualquer um dos complementos de sua base. Ao contrário, o sufixo /-vel/ em 81 deriva uma palavra que adjetiva um substantivo correspondente ao complemento de sua base, marcado com o traço semântico-funcional [+ objetivo]. Já /-ivo/ deriva adjetivos que se referem a substantivos correspondentes ao complemento da base verbal com o traço semântico-funcional [+ instrumento]. Observa-se que, em 82a, ao se aplicar o termo *curáveis* à expressão primariamente com função de [+ instrumento] em 80, perde-se imediatamente a relação semântica entre as duas frases, pois *as ervas amazônicas* passa a ser [+ instrumento] da predicação de *salvar* e [+ objetivo] da predicação de *curar*.

Concluindo, então, é possível afirmar que as informações sintáticas que descrevem o comportamento da base a que se aplica um sufixo são uma fonte segura de dados para a morfologia. Através dessas informações, é possível prever o tipo de interpretação semântica a ser dada aos derivados de um mesmo verbo, mesmo que esses derivados sejam marcados com um único traço categorial nas regras de redundância. Em razão disso, torna-se possível empregar RRMs e RRSs no caso dos adjetivos, sem que se corra o risco de selecionar regras não combináveis entre si. Para levar a cabo o emprego dessas regras, basta que se introduza em ambas – RRMs e RRSs – informações relacionadas à propriedade sintática que condiciona seja o emprego do sufixo nas RRMs, seja a interpretação semântica nas RRSs.

Com base nessa conclusão, apresento a forma atualizada das RRMs e das RRSs que analisam derivados de /-vel/ e /-ivo/. A forma atualizada acrescenta informações sintáticas relativas à base verbal.

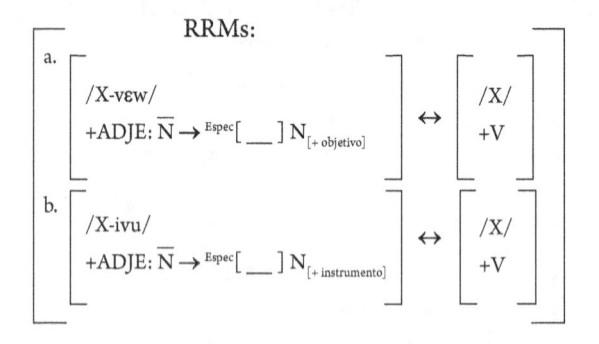

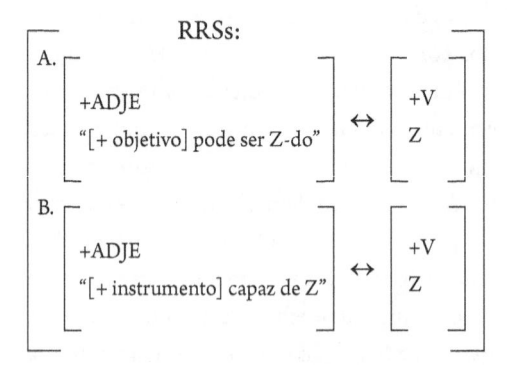

RRMs:

a. $\begin{bmatrix} /X\text{-}v\varepsilon w/ \\ +\text{ADJE}: \overline{N} \rightarrow {}^{\text{Espec}}[\underline{\quad}] N_{[+\text{objetivo}]} \end{bmatrix} \leftrightarrow \begin{bmatrix} /X/ \\ +V \end{bmatrix}$

b. $\begin{bmatrix} /X\text{-}ivu/ \\ +\text{ADJE}: \overline{N} \rightarrow {}^{\text{Espec}}[\underline{\quad}] N_{[+\text{instrumento}]} \end{bmatrix} \leftrightarrow \begin{bmatrix} /X/ \\ +V \end{bmatrix}$

RRSs:

A. $\begin{bmatrix} +\text{ADJE} \\ \text{"[+ objetivo] pode ser Z-do"} \end{bmatrix} \leftrightarrow \begin{bmatrix} +V \\ Z \end{bmatrix}$

B. $\begin{bmatrix} +\text{ADJE} \\ \text{"[+ instrumento] capaz de Z"} \end{bmatrix} \leftrightarrow \begin{bmatrix} +V \\ Z \end{bmatrix}$

As regras apresentadas conseguem satisfatoriamente solucionar o problema detectado na forma como Jackendoff (1975) apresenta as RRMs e as RRSs. Desse modo, não precisarei propor nenhuma outra solução para o caso das nominalizações, embora, naturalmente, as regras apresentadas anteriormente devam ser acrescidas das respectivas informações sintáticas relevantes. Uma outra questão a considerar nas palavras derivadas através do sufixo /-ivo/ é o fato de que esses adjetivos podem, diferentemente dos adjetivos derivados com /-vel/, se apresentar em contextos sintáticos típicos dos substantivos.

83. Os curativos não estão bem feitos.
84. Chega de corretivos!
85. Essa mulher tem muitos atrativos.

Diante dessa possibilidade, as regras b e B apresentadas anteriormente tornam-se insuficientes para descrever o comportamento efetivo dos derivados formados com /-ivo/. Teríamos, então, de criar b' e B' (a seguir) exclusivamente para registrar esse fato.

$$b'\begin{bmatrix} /X\text{-ivu}/ \\ +\text{ADJE}: \overline{N} \rightarrow {}^{\text{Espec}}[\underline{}]\, N_{[+\text{instrumento}]} \end{bmatrix} \leftrightarrow \begin{bmatrix} /X/ \\ +V: \ldots \overline{N}\, [\ldots N_{[+\text{instrumento}]}] \end{bmatrix}$$

$$B'\begin{bmatrix} +\text{ADJE} \\ \text{``}[+\text{instrumento}]\text{ capaz de Z''} \end{bmatrix} \leftrightarrow \begin{bmatrix} +V \\ Z\text{ com }[+\text{instrumento}] \end{bmatrix}$$

O inconveniente de b' e B' é que essas regras não apresentam qualquer informação nova, exceto o traço categorial +N. Além disso, empregando-se as quatro regras – (b, B), (b' e B') –, perde-se a oportunidade de se registrar que derivados formados com /-ivo/ podem, invariavelmente, receber os traços +N e +ADJE, mantendo, em ambos os casos, a mesma interpretação semântica. De modo que esse fenômeno não se perca na teoria lexical, a melhor alternativa para descrever os derivados formados com /-ivo/ é manter apenas as regras b e B, indicando nelas mesmas a dupla possibilidade categorial.

As duas regras passam a ter a forma que apresento:

$$\left[\begin{array}{l} \text{b.} \\ \text{/X-ivu/} \\ +\text{N, ADJE: } \overline{\text{N}} \to {}^{\text{Espec}}[\underline{\quad}] \, \text{N}_{[+\text{instrumento}]} \end{array} \right] \leftrightarrow \left[\begin{array}{l} \text{/X/} \\ +\text{V: ... } \overline{\text{N}} \, [... \, \text{N}_{[+\text{instrumento}]}\,] \end{array} \right]$$

$$\left[\begin{array}{l} \text{B.} \\ +\text{N, ADJE} \\ \text{"[+instrumento] capaz de Z"} \end{array} \right] \leftrightarrow \left[\begin{array}{l} +\text{V} \\ \text{Z com [+instrumento]} \end{array} \right]$$

As versões das regras b e B apresentadas diferem bastante do tipo de regras inicialmente propostas em Jackendoff (1975). Os aspectos em que a diferença se faz notar são dois: o emprego de propriedades sintáticas, que são usadas para relacionar RRMs apenas às RRSs adequadas, e a possibilidade de se apresentar mais de um traço categorial numa mesma entrada. Essa possibilidade é bastante interessante, porque é capaz de demonstrar que certos processos morfológicos derivam palavras que podem funcionar como os termos de mais de uma categoria gramatical, sem alterações de significado.

As regras b e B não são propriamente uma solução adequada para nenhum dos casos de gerundivos que ainda não foram tratados. Entretanto, a partir delas, vou sugerir uma nova alteração que será capaz de atender a quase todos os casos de gerundivos pendentes. É o que faço a seguir.

3.2.4
Regras não marcadas por traços categoriais

O emprego de traços categoriais nas RRMs e RRSs definitivamente impede que se possa tratar de grande parte das formas gerundivas, porque, tal como no caso dos nominais gerundivos do inglês, a maioria dos gerundivos do português não se comporta exatamente como nenhuma das palavras pertencentes às classes existentes. O que me interessa agora é verificar se é possível proceder a alguma modificação nas RRMs e nas RRSs, que lhes permita tratar desses casos.

Nas regras originariamente propostas por Jackendoff (1975), as indicações relativas a categorias gramaticais servem essencialmente para caracterizar uma série de propriedades sintáticas e morfológicas, próprias de cada tipo de derivado ou base. Cada rótulo +N, +V, enfim, +X, representa um certo conjunto de propriedades que não se costuma explicitar em sua totalidade (conferir comentários em 3.1). Em razão da não explicitação de todas essas propriedades, +X torna-se um conjunto ao mesmo tempo indivisível e fechado em si mesmo. Não se pode dividir – no sentido de tomar em partes – aquilo que não chega a ser definido como um todo de suas partes: se +X é o somatório de uma série de propriedades não integralmente explicitadas, não se pode fazer referência a essa classe de palavras, senão pelo próprio conjunto "X" de uma só vez. Ao mesmo tempo, se +X é uma classe definida apenas como um todo de propriedades que, juntas, se destacam de qualquer outra classe, então, é igualmente impossível definir que parte das suas propriedades possa ser igual ao conjunto de propriedades que define outra classe +Z, por exemplo. Jackendoff (1977) e trabalhos seguintes tendem a investir no detalhamento das propriedades que caracterizam os diferentes traços categoriais, sem, no entanto, aprofundarem-se para além das propriedades refletidas no nível sintático.

No Volume 1 desta coleção, apresentei um conjunto de classes de palavras que foi detalhado em diversas propriedades nocionais, morfológicas, sintáticas e semânticas. Por esse motivo, uma classe qualquer +X desse conjunto deixa de ter as mesmas características das classes que Jackendoff (1975) registra nas regras de redundância. Qualquer classe +X, nos termos que apresentei anteriormente, é divisível em propriedades e, por esse motivo, associável a outras classes quaisquer que tenham propriedades comuns. Termos como os nominais gerundivos do inglês ou todos os gerundivos que simplesmente se assemelham a termos de outras classes podem tirar vantagem desse modo de descrição das classes de palavras. Ainda que nenhum dos conjuntos de propriedades lá apresentados possa ser usado para caracterizar esse tipo de palavras, seu tratamento pela gramática pode se dar através da seleção de parte das propriedades de um ou mais conjuntos já existentes. Desse modo, um nominal gerundivo do inglês pode ser descrito como um tipo de palavra que tem parte das propriedades dos substantivos comuns e parte das propriedades dos verbos.

Considerando-se o fato de que os símbolos equivalentes a classes de palavras não mais constituem conjuntos do tipo empregado por Jackendoff (1975) e que esses símbolos reúnem propriedades em número muito mais expressivo do que é trazido em Jackendoff (1977) e trabalhos seguintes, torna-se possível substituí-los por traços classificatórios. Assim sendo, as RRMs e as RRSs passam a ter informações que os mecanismos apropriados da gramática associam diretamente aos padrões sintáticos de uma ou diversas classes, e não a símbolos categoriais. Imediatamente, a própria gramática pode relacionar esses padrões sintáticos seja a uma classe de palavras já existente, como no caso dos derivados de /-vel/; seja a mais de uma classe de palavras, como no caso dos nominais gerundivos do inglês. O aspecto mais interessante desse novo procedimento é o fato de que a teoria lexical consegue dar conta de qualquer tipo de palavras, mesmo aquelas cujo comportamento não seja exatamente igual ao de nenhum outro tipo de palavras com que se esteja trabalhando.

Consequentemente, esse procedimento estabelece uma nova forma de relacionamento entre a teoria lexical e a teoria sintática. A partir de agora, a teoria lexical pode recorrer sistematicamente à teoria sintática, a fim de caracterizar o comportamento gramatical particular de cada palavra ou tipo de palavras. Por outro lado, a teoria lexical devolve à teoria sintática informações que lhe permitem avaliar e atualizar frequentemente o conjunto de classes de palavras existente. Trabalhando cooperativamente, então, ambas as teorias podem estabelecer um conjunto de classes de palavras infinitamente mais preciso do que o próprio conjunto que apresentei no Quadro 1.

Diante disso tudo, as regras b e B, que descrevem o comportamento de /-ivo/, sofrem novamente uma reformulação, mediante o aproveitamento de informações contidas na hierarquia dos critérios classificatórios e nos traços nocionais, chegando, finalmente, ao que apresento a seguir:

$$b. \begin{bmatrix} /X\text{-}ivu/ \\ a.\ N: \overline{N}_{[+\text{instrumento}]} {}^{Espec}[\underline{\quad}] \\ b.\ \overline{N}: (\ldots) \underline{\quad}_{[+\text{instrumento}]} (\ldots) \end{bmatrix} \leftrightarrow \begin{bmatrix} /X/ \\ \overline{V}: (\ldots)\ V\ (\ldots)\ X_{[+\text{instrumento}]} \end{bmatrix}$$

$$B. \begin{bmatrix} a.\ N: \overline{N}_{[+\text{instrumento}]} {}^{Espec}[\underline{\quad}] \\ b.\ \overline{N}: (\ldots) \underline{\quad}_{[+\text{instrumento}]} (\ldots) \\ \text{``}[+\text{instrumento}]\ \text{capaz de Z''} \end{bmatrix} \leftrightarrow \begin{bmatrix} \overline{V}: (\ldots)\ V\ (\ldots)\ X_{[+\text{instrumento}]} \\ \text{``Z com }[+\text{instrumento}]\text{''} \end{bmatrix}$$

As regras descritas anteriormente substituem os símbolos +N, +ADJE e +V por padrões sintáticos capazes de circunscrever os aspectos mais relevantes de cada uma das classes de palavras envolvidas. Deve-se observar, ainda, que o padrão (a) $N \rightarrow N_{[+\text{instrumento}]}$ $^{\text{Espec}}[\quad]$ não necessariamente se circunscreve aos adjetivos essenciais, sendo encontrado, também, entre todos os demais termos que têm o traço sintático [+A] dentro de um $\overline{N}$, tal como os possessivos, demonstrativos, numerais e muitos outros. Isso, porém, não fragiliza nenhuma das vantagens do emprego desse tipo de regras de redundância, porque entre os termos que se adéquam a (a), apenas os da classe dos adjetivos essenciais podem ser relacionados à interpretação semântica apresentada em (B).

Com base nisso, pode-se verificar que certos pontos comuns entre as classes que podem se identificar ao padrão (a) não interferem em nada na previsão da forma final da palavra derivada pela regra morfológica. Teríamos algum problema se, entre os termos que pudessem ser identificados ao padrão (a), houvesse alguns flexionáveis e outros não flexionáveis em gênero e número, porque, dessa forma, a regra não poderia prever se a forma final do derivado estaria, ou não, sujeita a flexões. Caso seja essa a situação, a regra deverá ser acrescida de informações acerca do comportamento do derivado quanto a variações mórficas: [± gênero] e [± número].

Há, todavia, dois problemas a resolver em b e B: o primeiro, o de que há advérbios de tempo que podem ocupar o nódulo Espec dominado por $\overline{N}$, causando o problema de não previsibilidade do comportamento desinencial do derivado. O segundo problema apresento a seguir.

A associabilidade de b e B, por si só, demonstra que b só pode ser válida para os termos que estão sujeitos a ser interpretados como "[+ instrumento] capaz de Z". Nesse caso, cabe à associação de ambas as regras condicionar a classificação do derivado como adjetivo essencial.

Todavia, a clareza de que b forma termos da classe dos adjetivos essenciais só é garantida quando ambas as regras já estão associadas entre si. Deve-se considerar o fato de que é a informação semântica contida em B que assegura a b restringir-se à classe ADJE. Ocorre que b e B não têm necessariamente que estar associadas a *priori* na gramática, pois cada regra tem existência independente da outra. Assim sendo, até que b esteja associada a B, a regra morfológica torna-se ambígua: pode se referir a qualquer uma das classes que tenham o padrão (a) como uma de suas características. Por isso, então, a configuração de b e B ainda não é exatamente a mais adequada.

Assumindo como verdadeira a afirmação que fiz, de que o conjunto de propriedades que descrevem cada classe é suficiente para dar conta da substituição dos traços categoriais nas regras de redundância, poderemos solucionar ambos os problemas levantados, ou acrescentando, ou substituindo as propriedades de b e B.

Primeiramente, tentemos acrescentar propriedades, introduzindo mais traços de natureza sintática às regras já apresentadas.

$$\begin{bmatrix} b. \begin{bmatrix} /X\text{-ivu}/ \\ a. [+A] \\ \overline{N}: N_{[+\text{instrumento}]}{}^{Espec}[\_\_] \\ b. [+N] \\ \overline{N}: (\ldots)\_\_\_{[+\text{instrumento}]}(\ldots) \end{bmatrix} \end{bmatrix} \leftrightarrow \begin{bmatrix} /X/ \\ \overline{V}: (\ldots) V (\ldots) X_{[+\text{instrumento}]} \end{bmatrix}$$

$$\begin{bmatrix} B. \begin{bmatrix} a. [+A] \\ \overline{N}: N_{[+\text{instrumento}]}{}^{Espec}[\_\_] \\ b. [+N] \\ \overline{N}: (\ldots)\_\_\_{[+\text{instrumento}]}(\ldots) \\ \text{"[+ instrumento] capaz de Z"} \end{bmatrix} \end{bmatrix} \leftrightarrow \begin{bmatrix} \overline{V}: (\ldots) V (\ldots) X_{[+\text{instrumento}]} \\ \text{"Z com [+ instrumento]"} \end{bmatrix}$$

A atualização realizada em b e B é inútil, pois, na realidade, o traço [+A] é comum a todas as palavras que se associam ao padrão (a). Esse traço é menos interessante do que a descrição do padrão sintático, porque, além de comum aos termos que se associam à especificação (a) da regra colocada anteriormente, também é comum a certos advérbios que não podem ser empregados no padrão sintático (a). Portanto, a forma de b e B anteriormente apresentada é mais econômica e mais interessante.

Não podemos empregar nenhum aspecto de natureza semântica, porque esse tipo de informação não consta em RRMs. Entretanto, os adjetivos essenciais se diferenciam dos demais termos que se associam ao padrão (a) da regra b, pelo traço morfológico relativo ao grau – apenas a classe dos adjetivos essenciais admite grau. Assim, pode-se solucionar o problema de b e B, substituindo-se os traços sintáticos do tipo [+N], [+A] etc. pelo traço [+ grau] aplicado exclusivamente ao padrão (a). O padrão b dispensa essa informação, por se tratar de um aspecto comum a todos os termos que a ele se associam. Assim, proponho, finalmente, as regras b e B em sua versão definitiva.

$$
\text{b.} \begin{bmatrix} /\text{X-ivu}/ \\ \text{a. } \overline{\text{N}}\text{: N}_{[+\text{instrumento}]} \,^{\text{Espec}}[\underline{\quad}] \\ [+\text{grau}] \\ \text{b. } \overline{\text{N}}\text{: } (\ldots) \underline{\quad}_{[+\text{instrumento}]} (\ldots) \end{bmatrix} \leftrightarrow \begin{bmatrix} /\text{X}/ \\ \overline{\text{V}}\text{: } (\ldots) \text{ V } (\ldots) \text{ X}_{[+\text{instrumento}]} \end{bmatrix}
$$

$$
\text{B.} \begin{bmatrix} \text{a. } \overline{\text{N}}\text{: N}_{[+\text{instrumento}]} \,^{\text{Espec}}[\underline{\quad}] \\ [+\text{grau}] \\ \text{b. } \overline{\text{N}}\text{: } (\ldots) \underline{\quad}_{[+\text{instrumento}]} (\ldots) \\ \text{"[+ instrumento] capaz de Z"} \end{bmatrix} \leftrightarrow \begin{bmatrix} \overline{\text{V}}\text{: } (\ldots) \text{ V } (\ldots) \text{ X}_{[+\text{instrumento}]} \\ \text{"Z com [+ instrumento]"} \end{bmatrix}
$$

Podemos, a partir daí, aplicar regras do tipo de b e B ao caso dos gerundivos em português. Observa-se, em tempo, que não há mais restrições quanto ao tipo de classe de palavras a assinalar nas regras. Portanto, é possível tratar de praticamente todos os casos de gerundivos apresentados anteriormente aqui. Poderíamos, inicialmente, tentar construir uma regra similar a b e B, a fim de verificar que efeito seria obtido. Nesse sentido, observam-se as regras g e G:

$$
\text{g.} \begin{bmatrix} /\text{X-Ndu}/ \\ \text{a. } \overline{\text{N}}\text{: N}_{[+\text{objetivo}]} \,^{\text{Espec}}[\underline{\quad}] \, [+\text{grau}] \\ \text{b. } \overline{\text{N}}\text{: } (\ldots) \underline{\quad}_{[+\text{objetivo}]} (\ldots) \end{bmatrix} \leftrightarrow \begin{bmatrix} /\text{X}/ \\ \overline{\text{V}}\text{: } (\ldots) \text{ V } (\ldots) \text{ X}_{[+\text{objetivo}]} \end{bmatrix}
$$

$$
\text{G.} \begin{bmatrix} \text{a. } \overline{\text{N}}\text{: N}_{[+\text{objetivo}]} \,^{\text{Espec}}[\underline{\quad}] \, [+\text{grau}] \\ \text{b. } \overline{\text{N}}\text{: } (\ldots) \underline{\quad}_{[+\text{objetivo}]} (\ldots) \\ \text{"[+ objetivo] sendo Z-do"} \end{bmatrix} \leftrightarrow \begin{bmatrix} \overline{\text{V}}\text{: } (\ldots) \text{ V } (\ldots) \text{ X}_{[+\text{objetivo}]} \\ \text{"Z [+ objetivo]"} \end{bmatrix}
$$

O traço [+ objetivo] é empregado a fim de ressaltar o fato de que os gerundivos do tipo *mestrando* sempre resgatam da base verbal o seu complemento [+ objetivo]. Uma palavra como *mestrando* é, na realidade, a síntese de *mestra-* e seu complemento. É essa a razão pela qual o derivado pode funcionar como ADJE ou N, sem apresentar mudança de interpretação semântica: o valor semântico de seu complemento [+ objetivo] embutido permite-lhe funcionar como N, porque lhe permite expressar uma ideia substantiva completa.

As regras g e G são eficazes, porém restritas demais para os meus interesses. Essas regras conseguem dar conta apenas de um tipo de gerundivos: os que se comportam temos como *mestrando*, descritos nas frases 40 a 45. O problema a partir de agora está em estabelecer uma ou várias regras que englobem os demais tipos de gerundivos existentes.

40. Faça uma bola bem redonda.
41. Os doutorandos submeteram-se a exames.
42. Eduardo é diplomando.
43. Essa garota é muito doutoranda – doutorandíssima – pro meu gosto; prefiro aquela que é mais cabeça fria.
44. Os professores doutorandos em Letras submeteram-se a exames.
45. Eduardo é diplomando em física.

3.3
Regras de redundância e formas gerundivas

Os casos de que vou tratar com o tipo de regras exemplificadas em b, B, g e G são aqueles que envolvem gerundivos cujas bases pertençam ao léxico do português contemporâneo. Vou excluir temporariamente os casos em que /-ndo/ pode ser analisado como marca de subordinação, pois tratarei deles mais adiante, numa seção específica. Assim, os casos que abordo a seguir são os seguintes:

- gerundivos que funcionam como V (verbos), N (substantivos comuns) e MODO (advérbios de modo);
- gerundivos que se assemelham a ADJE (adjetivos essenciais), T (advérbios de tempo) e Prep4 (preposições acidentais).

Também não tratarei, por enquanto, dos casos em que os gerundivos se assemelham a QU-A (conjunções adverbiais) ou COES (termos coesivos), pois reservo uma parte específica para esse fim.

Na medida em que todas as formas gerundivas são formadas por um único morfema /-ndo/, não é tarefa demasiadamente difícil estabelecer uma única RRM para cobrir todos os casos. Para que isso seja feito, basta que se empregue o procedimento que já foi usado anteriormente referente à indicação de vários possíveis funcionamentos de um mesmo tipo de termo derivado na sentença.

$$\text{RRM: g}$$

$$\begin{bmatrix} \text{X-Ndu/} \\ \\ \text{a. } \overline{N} \to (...) \, [\underline{}]_{[+\text{objetivo}]} \\ \\ \text{b. } \overline{N} \to {}^{\text{Espec}}[\underline{} (\text{Comp})] \, N_{[+\text{objetivo}]} \, [+\text{grau}] \\ \\ \text{c. } \overline{N} \to {}^{\text{Espec}}[\underline{}] \, N \, [\text{- RECEBE CASO}][+\text{IMPRIME CASO}] \\ \\ \text{d. } \overline{S} \to (\overline{N}_1) \, (...) \, [\overline{V} \to {}^{\text{Comp}}[\overline{N}_1 \underline{}]] \, [\text{- RECEBE CASO}] \\ \quad [+\text{IMPRIME CASO}] \\ \\ \text{e. } \overline{S} \to {}^{\text{Espec}}[\overline{N} \underline{}] \, S \\ \\ \text{f. } S \to [\overline{N}_1 (...)] \, [\overline{V} \to {}^{\text{Espec}}[\overline{N}_1 \underline{}] \, V] \\ \\ \text{g. } \overline{V} \to (...) \, V \, (...) \\ \\ \text{h. } \overline{S} \to {}^{\text{Espec}}[\underline{} \text{Comp}] \, S \end{bmatrix} \leftrightarrow \begin{bmatrix} /X/ \\ \overline{V}: (...) \, V \, (...) \end{bmatrix}$$

A RRM g está organizada de maneira a dar conta de todos os casos de gerundivos de que desejo tratar neste momento. Os exemplos relacionados a cada caso apresentado nas regras encontram-se logo adiante.

Na regra g, as especificações (a) a (h) referem-se, respectivamente, aos seguintes casos de gerundivos derivados de bases verbais constantes no léxico do português (verificados com exemplos já citados):

a. gerundivos que funcionam como substantivos comuns, conforme os termos grifados em:

31. Os doutorandos estão aí fora.
32. A doutoranda em física está aí fora.

b. gerundivos que se assemelham a adjetivos essenciais, conforme os termos grifados em:

40. Faça uma bola bem redonda.
41. Os professores doutorandos submeteram-se a exames.
42. Eduardo é diplomando.
43. Essa garota é muito doutoranda – doutorandíssima – pro meu gosto...
44. Os professores doutorandos em letras submeteram-se a exames.
45. Eduardo é diplomando em física.

c. gerundivos intermediários entre advérbios de tempo e adjetivos, conforme grifado em:

54. João está cantando.
54a. João vive cantando.

d. gerundivos assemelhados a advérbios de tempo, conforme grifado em:

48. Chegando em casa, abriu o chuveiro e passou horas de baixo do chuveiro.
49. Acabando, você pode ir embora.

e. gerundivos que funcionam como advérbios de modo, conforme grifado em:

38. Eduardo deixou correndo a sala para ir ao banheiro.
39. O avião pousou quase atropelando o monomotor.

f. gerundivos que funcionam como verbos, conforme grifado em:

33. Eduardo foi chegando e dizendo que ia sair cedo.
34. E vai chovendo no Rio de Janeiro. [...]

g. gerundivos que se assemelham a termos de Prep4, conforme grifado em:

58. Tirando Maria, todo mundo faz bagunça aqui.
58a. Tirando-se Maria, todo mundo faz bagunça aqui.

h. gerundivos que se assemelham a termos de COES, conforme grifado em:

55. Iniciando: boa tarde!
56. Concluindo esta parte, apresento a seguir os exemplos.

É importante ressaltar que a inclusão, na regra g, dos casos em que os gerundivos funcionam como verbos é possível graças ao valor aspectual que o morfema imprime à base. As desinências verbais do português têm, necessariamente, o compromisso gramatical de imprimir à predicação noções de tempo e modo, ainda que, em consequência da interpretação que se faz dessas noções, acabem resultando em valores aspectuais específicos. O morfema /-ndo/, quando funcionando como uma desinência verbal, torna-se atípico, uma vez que não registra nenhuma informação relativa a tempo ou modo. Seu papel é estritamente semântico e restrito à marcação do aspecto cursivo, através do qual se focaliza a predicação.

A regra g não é capaz de demonstrar o papel de /-ndo/ na marcação do aspecto, uma vez que suas especificações restringem-se particularmente a questões de natureza sintática. Por esse motivo, observa-se que o item (g) da regra não apresenta variação alguma com relação à especificação sintática da base. Para que possa verdadeiramente refletir a situação descrita no item (g), é necessário que a regra g de redundância morfológica esteja associada a uma RRS. Esse não é um caso extraordinário no léxico. Basta que se recorde da situação de bases e derivados como *carta/carteiro*, *lixo/lixeiro*, que só vão se diferenciar, de fato, nas RRSs. Vejamos agora como proceder no estabelecimento das RRSs que se associarão a g.

A proposição de uma única RRS a se associar com a regra g só seria possível caso houvesse uma única interpretação para todas as especificações de (a) a (h) contidas em g. Ocorre que o morfema /-ndo/ não causa nas palavras a que se liga um único tipo de interpretação, mas sim vários. Caso esses vários tipos de interpretação fossem absolutamente aleatórios, teríamos um problema praticamente insolúvel a partir do tipo de regras que estamos empregando. Podemos, entretanto, empregar as regras que estou utilizando devido a dois fatores:

- ainda que várias, são finitas as possibilidades de interpretações semânticas das formas que contêm o morfema /-ndo/;
- as variadas interpretações associam-se seletivamente a certas especificações apresentadas em g, e não a todas aleatoriamente.

Existem ao todo seis interpretações semânticas que dão conta dos casos de gerundivos que estou considerando. As RRSs que se associam a g são as que apresento a seguir.

RRSs: G1 a G6

G1.
$$\begin{bmatrix} \text{a. } \overline{N} \rightarrow (...) [\underline{\quad}]_{[+\text{objetivo}]} \\ \text{b. } \overline{N} \rightarrow {}^{\text{Espec}}[\underline{\quad} (\text{Comp}) N_{[+\text{objetivo}]} [+\text{grau}] \\ \text{"[+ objetivo] sendo Z-do"} \end{bmatrix} \leftrightarrow \begin{bmatrix} \overline{V}: (...) V (...) \\ \text{"}Z_{[+\text{objetivo}]}\text{"} \end{bmatrix}$$

G2.
$$\begin{bmatrix} \text{c. } \overline{N} \rightarrow {}^{\text{Espec}}[\underline{\quad}] N \\ [-\text{RECEBE CASO}][+\text{IMPRIME CASO}] \\ \text{d. } \overline{S} \rightarrow (\overline{N}_1) (...) [\overline{V} \rightarrow {}^{\text{Comp}}[\overline{N}_1 \underline{\quad}]] \\ [-\text{RECEBE CASO}][+\text{IMPRIME CASO}] \\ \text{"Estado transitório de N Z"} \end{bmatrix} \leftrightarrow \begin{bmatrix} \overline{V}: (...) V (...) \\ \text{"N Z"} \end{bmatrix}$$

G3.
$$\begin{bmatrix} \text{e. } \overline{S} \rightarrow {}^{\text{Espec}}[\overline{N} \underline{\quad}] S \\ \text{"Modo Z como } N_1 \text{ predica"} \end{bmatrix} \leftrightarrow \begin{bmatrix} \overline{V}: (...) V (...) \\ \text{"N Z"} \end{bmatrix}$$

G4.
$$\begin{bmatrix} \text{f. } S \rightarrow [\overline{N}_1 (...)] [\overline{V} \rightarrow {}^{\text{Espec}}[\overline{N}_1 \underline{\quad}] V] \\ \text{"Transcurso de Z"} \end{bmatrix} \leftrightarrow \begin{bmatrix} \overline{V}: (...) V (...) \\ \text{"Z"} \end{bmatrix}$$

G5.
$$\begin{bmatrix} \text{g. } \overline{V} \rightarrow (...) V (...) \\ \text{"Situação de } \overline{N} \text{ no grupo em } \overline{S}\text{"} \end{bmatrix} \leftrightarrow \begin{bmatrix} \overline{V}: (...) V (...) \\ \text{"Z N}_1\text{"} \end{bmatrix}$$

G6.
$$\begin{bmatrix} \text{h. } \overline{S} \rightarrow {}^{\text{Espec}}[\underline{\quad} \text{Comp}] S \\ \text{"Em prosseguimento: S"} \end{bmatrix} \leftrightarrow \begin{bmatrix} \overline{V}: (...) V (...) \\ \text{"Z S"} \end{bmatrix}$$

A combinação entre a regra g e as regras de G1 a G6 demonstra que é possível tratar do morfema /-ndo/ e seus derivados utilizando o mesmo tipo de recurso que se emprega para descrever a relação entre sufixos e seus derivados. O tipo de regra proposta é bastante interessante, pois permite reunir, em um só procedimento, solução para três casos que, antes, somente poderiam ser abordados através de procedimentos que levavam em conta expedientes gramaticais distintos. São eles:

- o caso em que /-ndo/ funciona como desinência verbal;
- o caso em que funciona verdadeiramente como sufixo, derivando termos com comportamento de substantivos comuns e advérbios de modo;
- o caso em que funciona como formador de palavras não identificáveis exatamente às classes de palavras existentes.

Relativamente ao tratamento dos gerundivos que funcionam como verbos em G5, recorda-se já ter sido proposto por Câmara Júnior (1977) uma classe denominada *verboide*, que contempla essa possibilidade (conferir item 2.1).

Não gostaria de que esse procedimento descritivo fosse confundido com algum tipo de prova de que o morfema /-ndo/ se comporta como sufixo na língua portuguesa. Caso estivéssemos admitindo isso, seríamos forçados a assumir, paralelamente, certas situações não interessantes para a teoria da gramática como um todo. As duas situações que quero evitar são:

- tratar como se fosse de natureza sufixal um uso tipicamente desinencial de /-ndo/, nos gerundivos que se comportam como verbos;
- tratar como ocasional – e, portanto, não previsível *a priori* – a classe ou classes a que pertencerão os derivados de um certo sufixo, o que seremos obrigados a admitir caso consideremos como sufixo um morfema que não deriva palavras de nenhuma das classes existentes.

Resta, agora, tratar dos casos de gerundivos cujas bases não existem no léxico. A seguir, apresento esse tipo de gerundivos e um outro tipo de regras que se associarão às que já apresentei.

3.3.1
Regras de Análise Estrutural (RAEs)

As regras de redundância apresentadas por Jackendoff (1975) são aplicáveis exclusivamente às relações entre palavras já existentes no léxico da língua. Tal tipo de regras parte do pressuposto de que o léxico é uma imagem congelada, totalmente processada e pronta para ser empregada pela gramática. Isso naturalmente provém da concepção de léxico definida ainda no modelo *standard* de Chomsky (1965), conforme já apresentei anteriormente. Todavia, uma concepção como essa destoa sensivelmente dentro da gramática gerativo-transformacional, uma vez que gramáticas dessa natureza privilegiam, sobretudo, o aspecto criativo e processual do emprego da língua. Assim, o mesmo tipo de regras que permitem ao falante criar, a partir de regras básicas, um número infinito de sentenças, está proibido de ser aplicado ao léxico, uma vez que este é tomado como pronto.

O primeiro estudo derivado do gerativismo a tratar do léxico como um componente da gramática sujeito a trabalhar com o aspecto inédito e criativo da língua é o de Aronoff (1976). A partir desse estudo, o léxico não é mais tomado como um conjunto pronto e processado, mas como um conjunto potencial de formas. Desse modo, incluem-se, ao mesmo tempo, as palavras que já existem e as palavras que poderão existir por força da criatividade do falante. Através do conceito denominado *produtividade lexical*, Aronoff (1976) permite que as regras morfológicas passem a ser tratadas como as regras da sintaxe, sendo empregadas tanto para interpretar quanto para criar palavras.

A partir daí, a teoria morfológica é capaz de identificar dois tipos distintos de regras morfológicas: (i) regras morfológicas improdutivas: empregadas apenas para interpretar palavras existentes e formadas por sufixos que não são mais usados para formar palavras novas; (ii) regras morfológicas produtivas: empregadas para interpretar palavras existentes e gerar palavras novas. Daí resultam sufixos produtivos e sufixos improdutivos.

Não vou me alongar muito em Aronoff (1976). Desse estudo, interessam-me particularmente os seguintes pontos:

- o léxico é aberto à geração de novas palavras e estas são criadas e interpretadas por regras produtivas;

- o falante é capaz de interpretar novas palavras derivadas, empregando o conhecimento que possui acerca da produtividade dos sufixos da língua;
- a interpretabilidade de palavras novas sofre direta influência do tipo de resultado derivacional que é esperado de cada sufixo produtivo.

A questão da interpretabilidade está associada diretamente aos conceitos de transparência e opacidade. Um sufixo produtivo pode ser considerado transparente se o resultado de sua aplicação derivar um vocábulo 100% previsível, seja do ponto de vista mórfico, seja do ponto de vista semântico. No português, sufixos como /-agem/ são transparentes, pois sempre se aplicam a bases verbais, resultam em substantivos e são interpretados como "ato de Z". Já o sufixo /-ivo/ não é transparente, porque sua aplicação não redunda em termos de uma única classe de palavras (*curativo* pode ser substantivo ou adjetivo essencial), e não tem um efeito semântico previsível (*curativo* se interpreta como "capaz de Z", enquanto que *pensativo* se interpreta de outra forma), ainda que tenha base previsível, desconsiderando-se o expressivo número de formas cujas bases não pertencem ao léxico contemporâneo (*lenitivo, paleativo* etc.). Um sufixo não transparente é, obviamente, chamado do *opaco*.

Existem níveis diferentes de opacidade nos sufixos produtivos. Um sufixo como /-ivo/ é, sem dúvida, muito menos opaco do que um morfema como /-ndo/, que apresenta diversos resultados morfológicos e semânticos. Consequentemente, a interpretação de um vocábulo formado com /-ivo/ em português demanda muito menos esforço do falante do que a interpretação de um vocábulo formado por /-ndo/. Esse esforço para interpretar o resultado de processos derivacionais sugere haver dois tipos de operação que se processam sobre o léxico: a primeira delas, a operação de associar regras morfológicas a regras semânticas, de modo similar ao que já foi proposto por Jackendoff (1975), acrescentando-se a possibilidade de se gerarem palavras novas; a segunda, uma operação que resgata o processo derivacional, analisando a estrutura do vocábulo. A finalidade desse resgate é tentar estabelecer os parâmetros adequados para identificar a RRM e a RRS aplicáveis a cada caso.

As duas operações mentais se justificam pelo fato de que as palavras constantes no léxico são independentes das regras de que derivaram. Assim sendo, logo após a derivação, a palavra perde sua relação com as regras, tal como se perde, por exemplo, a relação entre uma sentença e sua estrutura profunda. É mais fácil compreender essas duas operações considerando dois falantes, de modo que o primeiro crie uma palavra nova e o segundo a interprete.

Para criar uma palavra nova, o falante (1) utiliza a operação que relaciona uma RRM a uma RRS. Para que o falante (2) compreenda a palavra recém-criada, é necessário que este consiga reconhecer a mesma relação entre RRM e RRS estabelecida pelo falante (1). Todavia, a palavra, por si mesma, não traz evidências substantivas que assinalem quais são as RRMs e RRSs subjacentes à palavra. É nesse instante que se emprega a segunda operação: para interpretar adequadamente uma palavra, o falante realiza uma operação que estabelece hipóteses acerca das regras que podem estar subjacentes àquela palavra. Através dessa operação, o falante (2) associa a palavra nova às regras morfológicas e semânticas que já possui, tentando estabelecer o percurso através do qual a palavra foi criada. Se o sufixo empregado na criação da palavra for transparente, o percurso será estabelecido rapidamente e com precisão. Se o sufixo for opaco, o percurso será estabelecido com custo proporcional ao grau de opacidade.

A operação que busca identificar o processo derivacional aplica-se tanto à análise de palavras inéditas na língua, quanto à de palavras novas exclusivamente no léxico de um falante (quando se aprende uma palavra nova, por exemplo).

Seguindo um caminho similar, Basílio (1980) propõe dois tipos de regras lexicais: Regras de Formação de Palavras (RFPs) e RAEs. A proposta de Basílio (1980, p. 49-52) procura dar solução para problemas que Jackendoff (1975) e Aronoff (1976) encontram ao tentarem tratar das questões do léxico sob óticas ou exclusivamente interpretativas, ou exclusivamente produtivistas. Em sua argumentação, Basílio (1980) restringe as RAEs exclusivamente aos casos de processos produtivos da língua, admitindo, assim, que essas regras sejam aplicadas exclusivamente no esforço de interpretar palavras novas no léxico.

> *(1) Todas as RFPs têm contrapartes de análise estrutural. (1) diz que, se temos uma regra produtiva, isto é, uma regra que pode formar palavras novas na língua, esta regra tem como contraparte uma RAE. Assim, estamos afirmando que, se os falantes reconhecem redundâncias a ponto de utilizá-las na formação de novas palavras, então os falantes também*

podem utilizar este conhecimento das redundâncias para a análise da estrutura de palavras já existentes. (Basílio, 1980, p. 50)

Vou optar, aqui, por considerar que as RAEs (que associam palavras às regras de formação) não sejam restritas aos processos produtivos, mas a todos os processos, mesmo aqueles que não são mais produtivos, mas constam do léxico. A vantagem dessa opção está no fato de se poder explicar, através dela, como os falantes podem interpretar palavras recém-acrescentadas ao seu léxico, mesmo não se tratando de formas inéditas na língua.

Então, admitirei que a máxima (1), no excerto de Basílio (1980), pode se restringir a: todas as regras de formação de palavras têm contrapartes de análise estrutural.

Neste capítulo, já tive oportunidade de atestar a pertinência de se usarem regras distintas para descrever redundâncias morfológicas e redundâncias semânticas. As modificações que realizei na forma inicialmente proposta para as RRMs e para as RRSs permitiram-me abordar adequadamente os casos de gerundivos que têm bases no léxico do português e, ao mesmo tempo, tratar de /-*ndo*/ como um morfema com características bastante singulares. Por esse motivo, não pretendo substituir as regras que já apresentei por outro tipo de regra qualquer.

Assim sendo, quando eu abordar, a partir deste ponto, RFPs, estarei tratando do produto da associação de uma RRM com uma RRS: RFP = RRM ↔ RRS. Como as RFPs se associam a RAEs, temos então:

$$[\text{RFP} = \text{RRM} \leftrightarrow \text{RRS}] \leftrightarrow \text{RAE}$$

Nas RAEs que utilizarei, não constarão informações que também não estejam contidas em, pelo menos, uma das partes das regras de formação de palavras, porque essas informações, por si só, já bastam para especificar o tipo de palavra a considerar no processo de análise. Logo, as RAEs não terão indicadores de classes de palavras, mas informações que permitam identificar um padrão sintático próprio a um tipo de palavra da língua. Assim, asseguro-me de que as RAEs poderão tratar igualmente de processos que derivam termos de classes de palavras e processos que derivam termos que não pertencem exatamente a nenhuma classe de palavras.

Outro aspecto a considerar nas RAEs que vou empregar decorre da maneira como defini as RFPs. Sendo uma RFP a associação de informações semânticas e morfológicas, a RAE a ela associada não pode conter informações restritas a apenas um ou outro desses tipos de informação. O emprego de RAEs que concentram informações morfológicas e semânticas é extremamente interessante, uma vez que reflete o fato de que o conhecimento empregado pelo falante para analisar uma palavra conjuga, simultaneamente, hipóteses acerca de sua estrutura morfológica e de sua interpretação semântica.

Nos casos dos gerundivos analisados pela regra g e pelas regras de G1 a G6, as RAEs correspondentes seriam tantas quantas necessárias para descrever cada uma das associações entre RRMs e RRSs. Desse modo, teríamos as seguintes regras:

RAEs referentes aos gerundivos

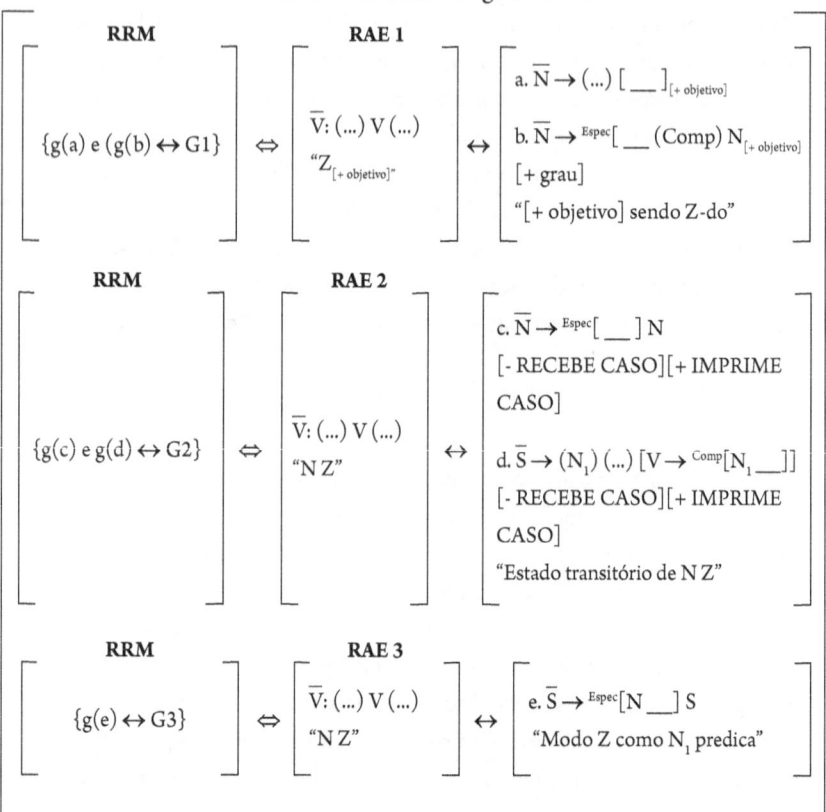

RRM		RAE 1		
$\{g(a) \text{ e } (g(b) \leftrightarrow G1\}$	$\Leftrightarrow$	$\overline{V}: (...) V (...)$ "$Z_{[+\text{objetivo}]}$"	$\leftrightarrow$	a. $\overline{N} \to (...) [\underline{\quad}]_{[+\text{objetivo}]}$ b. $\overline{N} \to {}^{\text{Espec}}[\underline{\quad} (\text{Comp}) N_{[+\text{objetivo}]}$ $[+\text{grau}]$ "$[+\text{objetivo}]$ sendo Z-do"

RRM		RAE 2		
$\{g(c) \text{ e } g(d) \leftrightarrow G2\}$	$\Leftrightarrow$	$\overline{V}: (...) V (...)$ "N Z"	$\leftrightarrow$	c. $\overline{N} \to {}^{\text{Espec}}[\underline{\quad}] N$ $[-\text{RECEBE CASO}][+\text{IMPRIME CASO}]$ d. $\overline{S} \to (N_1) (...) [V \to {}^{\text{Comp}}[N_1 \underline{\quad}]]$ $[-\text{RECEBE CASO}][+\text{IMPRIME CASO}]$ "Estado transitório de N Z"

RRM		RAE 3		
$\{g(e) \leftrightarrow G3\}$	$\Leftrightarrow$	$\overline{V}: (...) V (...)$ "N Z"	$\leftrightarrow$	e. $\overline{S} \to {}^{\text{Espec}}[N \underline{\quad}] S$ "Modo Z como N_1 predica"

$$\begin{bmatrix} \text{RRM} \\ \{g(f) \leftrightarrow G4\} \end{bmatrix} \Leftrightarrow \begin{bmatrix} \text{RAE 4} \\ \overline{V}: (...) V (...) \\ \text{"Z"} \end{bmatrix} \leftrightarrow \begin{bmatrix} \text{f. } S \rightarrow [\overline{N}_1 (...)] [V \rightarrow {}^{\text{Espec}}[\overline{N}_1 \underline{\quad}] V] \\ \text{"transcurso de Z"} \end{bmatrix}$$

$$\begin{bmatrix} \text{RRM} \\ \{g(g) \leftrightarrow G5\} \end{bmatrix} \Leftrightarrow \begin{bmatrix} \text{RAE 5} \\ \overline{V}: (...) V (...) \\ \text{"Z N}_1\text{"} \end{bmatrix} \leftrightarrow \begin{bmatrix} \text{g. } \overline{V} \rightarrow (...) V (...) \\ \text{"Situação de } \overline{N} \text{ no grupo em } \overline{S}\text{"} \end{bmatrix}$$

$$\begin{bmatrix} \text{RRM} \\ \{g(h) \leftrightarrow G6\} \end{bmatrix} \Leftrightarrow \begin{bmatrix} \text{RAE 6} \\ \overline{V}: (...) V (...) \\ \text{"Z S"} \end{bmatrix} \leftrightarrow \begin{bmatrix} \text{h. } \overline{S} \rightarrow {}^{\text{Espec}}[\underline{\quad} \text{Comp}] S \\ \text{"Em prosseguimento: S"} \end{bmatrix}$$

A verdadeira vantagem do emprego de RAEs, segundo meus interesses aqui, não está propriamente na relação que o falante pode estabelecer entre elas e as RFPs, durante a análise das palavras do léxico. O que mais me interessa nessas regras é o fato de que elas têm existência independente das demais e podem ser utilizadas pelo falante, independentemente de isso resultar, ou não, numa associação entre RFP ↔ RAE. Na medida em que as RAEs são usadas para estabelecer hipóteses acerca do valor morfológico e sintático de uma palavra, elas podem ser empregadas para interpretar palavras cujas bases não constam do léxico. Também podem interferir nas RFPs, permitindo-se gerar palavras a partir de processos absolutamente insólitos, se comparados às regras regulares de formação de palavras, conforme o caso a seguir.

A palavra *odontolando* pôde ser criada no português, ainda que contrarie diretamente a RFP que prevê a necessidade de se partir de uma base verbal para derivar uma palavra desse tipo. Mesmo não podendo ser analisadas por nenhuma RRM e, consequentemente, por nenhuma RRS do português, visto que essas regras pressupõem-se, mutuamente, palavras como *odontolando*, ou outras derivadas nas mesmas circunstâncias, podem ser interpretadas pelo falante, porque se associam ao morfema e ao efeito final registrados nas RAEs correspondentes. Basílio (1980, p. 51) já observa essa vantagem nas regras de análise empregadas:

(6) $[X]V \rightarrow [\,[X]_v\,ção]^N$
(7) $[\,[X]_{(V)}\,ção]^N$

Observe-se que em (6), mas não necessariamente em (7), a base é uma forma livre da língua. A regra (6) afirma que verbos podem ser bases para formas nominalizadas em -ção; (7) diz que nomes terminados em -ção podem ser analisados como sendo formados pela adição do sufixo -ção a uma base verbal. Contrapartes de análise estrutural de regras produtivas podem analisar não apenas formações baseadas em formas livres, mas também formações estratificadas, cujas bases não são formas livres dentro da língua.

Quadro 3 – Tipos de gerundivos segundo origem etimológica

Grupo	Origem etimológica	Base verbal	Exemplos
i	Todos os termos que, no português, são derivados sistematicamente a partir de formas verbais mediante o emprego de /-ndo/, sendo convencionalmente chamados de gerúndios	sim	Todos os gerúndios da língua portuguesa
ii	Derivados de gerundivos latinos	sim	agenda, corrigenda, diminuendo, dividendo, educando, execrando, expulsando, fazenda, lenda, memorando, moenda, multiplicando, propaganda, reprimenda, redondo*, segundo, subtraendo, tremendo, venerando
ii	Derivados de gerundivos latinos	não	estupendo, exequendo, horrendo, legenda, minuendo, mundo, oferenda, oriundo, reverendo
iii	Derivados de gerúndios latinos	sim	advindo, examinando, vindo, vivenda

(continua)

(Quadro 3 – conclusão)

iv	Derivados de formas latinas não verbais	não	*jucundo, rubicundo*
v	Derivados de adjetivos latinos formados com /-bundo(-a)/	sim	*meditabundo, tremebundo, vagabundo*
		não	*nauseabundo, pudibundo*
vi	Derivados de adjetivos latinos diversos	não	*hediondo, queijando*
vii	Forma adverbial	não	*inda*
viii	Brasileirismos	sim	*bacharelando, diplomando, extraditando, fatorando, liquidando, naturalizando, predicando, tributando, tutelando*
		não	*odontolando*
ix	Latinismos assemelhados a gerundivos	não	*merenda, prenda, berlinda, ronda, sonda, onda*
x	Estrangeirismos similares a gerundivos	sim	*lavanda*
		não	*varanda, quitanda, estrondo*
xi	Derivações regressivas em /-nda/ e /-ndo/	sim	*demanda, comando, emenda, remendo, comenda, encomenda, venda, renda, tenda, tunda, mando, infindo, fecundo, fenda*

Nota: *A forma *redondo* chegou ao português a partir de [*retundu*], transformação dada a [*rotundu*] no latim vulgar. Oiticica (1942, p. 193), já citado neste capítulo, assim o ratifica ao tratar /-ondo/ como uma forma do sufixo /-undo/, típico do gerundivo. A referência à origem do termo no latim vulgar encontra-se em Ferreira (1986, p. 1468).

Podemos agora verificar se é possível incluir, no caso de *odontolando*, as demais palavras que, mesmo sem bases verbais no português, podem ser interpretadas como gerundivos. Para identificar essas palavras, consideremos o Quadro 3, no qual apresento todos os tipos de palavras com que estou trabalhando. Vale observar, oportunamente, que as informações relativas à origem de alguns gerundivos discriminados no quadro baseiam-se em dados pesquisados em Oiticica (1942) – conferir 2.1 –, nos dicionários etimológicos de Nascentes (1932) e Silva Bastos (1928), e no dicionário de Aurélio Buarque de Holanda Ferreira (1986).

Sete dos 11 tipos de gerundivos apresentados no Quadro 3 possuem bases verbais no português contemporâneo, podendo, portanto, ser tratados regularmente pelas regras já propostas: g(a) a g(h) e G1 a G6. A partir de agora, vou me concentrar nos demais gerundivos, entre os quais não há bases verbais no português contemporâneo. Para tratar desses vocábulos, vou proceder de modo similar ao que adotei para analisar o termo *odontolando*. Pretendo, portanto, analisar se é possível a um falante do português resgatar alguma informação que lhe permita interpretar essas palavras como gerundivos, considerando partes das RAEs que descrevem esse tipo de palavras.

Será possível admitir que as palavras cujas bases não são formas verbais do português contemporâneo podem ser tratadas como gerundivos se, e somente se, as RAEs que permitirem ao falante interpretá-las forem idênticas às RAEs de números 1 a 6, que se associam às regras morfológicas formadas com g(a) a g(h) e G1 a G6. Caso isso não puder ser observável no comportamento das palavras em questão, então admitirei que tratam de palavras que não se comportam do mesmo modo que os gerundivos do português.

Entre as palavras do Quadro 3 que não apresentam base verbal no português contemporâneo, algumas podem, sem problemas, ser incluídas entre os gerundivos por força da interpretação que se pode fazer deles, a partir da RAE de número 1, que analisa os gerundivos regulares. Trata-se das palavras: *minuendo, oferenda* e *reverendo* (que se aplicam exclusivamente ao padrão (a) da RAE-1 – relativo ao uso de gerundivos como substantivos comuns) e *odontolando* (que se aplica aos padrões (a) e (b) da RAE-1 – relativos, respectivamente, ao uso de gerúndios como substantivos comuns e como adjetivos essenciais). Também pela RAE-1, pode-se interpretar a palavra *nauseabundo*, que, embora não sendo assemelhada a um adjetivo essencial, aplica-se ao padrão sintático (b) e à interpretação semântica da RAE.

Há outras palavras, ainda, que podem ser analisadas, não por uma única das RAEs de números 1 a 6, mas por partes delas combinadas entre si. São as palavras *oriundo* e *inda*, que podem ser interpretadas pelas RAEs de números 1 e 2. Da RAE-1, extrai-se o padrão sintático (b) (relativo ao uso de gerundivos como adjetivos essenciais), e da RAE-2 extrai-se a interpretação semântica "estado transitório de Z". Embora tais palavras possam ser tratadas como gerundivos, sua interpretação demanda maior custo do falante – o custo aumenta à medida que o falante vai ter de usar duas RAEs para interpretá-las.

Outras palavras podem ser apenas parcialmente interpretadas pelas RAEs que descrevem os gerundivos. Nesse caso, recorre-se a uma das RAEs de números 1 a 6 e a uma outra RAE (que descreve outro tipo de derivação), sem que isso, no entanto, invalide a possibilidade de tomar tais palavras como gerundivos. As palavras a que me refiro são as seguintes: *estupendo, horrendo, jucundo, rubicundo, pudibundo, hediondo, lavanda, infindo* e *fecundo*. Todas essas palavras podem ser associadas aos padrões sintáticos (a) ou (b) da RAE-1, mas devem ser associadas a outra interpretação semântica: "tem a possibilidade essencial de (causar Z)". Ao propor esse tipo de análise, ressalto o fato de que é possível ao falante resgatar nessas palavras um perfil morfossintático próprio dos gerundivos, independentemente de sua origem etimológica. A identificação de gerundivos não é aleatória, tampouco condicionada apenas à identificação das formas fonológicas /-Ndu/ e /-Nda/ que possam figurar ao final dos vocábulos. No Quadro 3, constam diversas palavras que não se associam a gerundivos, sendo preferencialmente interpretadas pelo falante como palavras não derivadas. Essas palavras figuram na maioria dos grupos de gerundivos investigados, tal como se apresenta no Quadro 4:

Quadro 4 – *Termos não interpretáveis como gerundivos*

Grupo	Palavras
ii	*agenda, corrigenda, fazenda, legenda, lenda, memorando, propaganda, reprimenda, moenda, mundo*
iii	*vivenda*
vi	*quejando*
ix	*merenda, prenda, berlinda, ronda, sonda, onda*
x	*varanda, quitanda, lavanda, estrondo*
xi	*demanda, comando, emenda, remendo, comenda, renda, fenda, tunda, mando*

Observando os termos que podem e que não podem ser interpretados como gerundivos pelos falantes do português, verifica-se não haver qualquer relação entre essa interpretação e a origem etimológica das palavras. Na maioria dos grupos de palavras analisadas, encontram-se termos que apresentam a seguinte situação quanto a serem interpretados como gerundivos:

- termos que apresentam base verbal;
- termos que não apresentam base verbal;
- termos que podem ser interpretados como gerundivos através de uma única das RAEs numeradas de 1 a 6;
- termos que podem ser interpretados como gerundivos, conjugando-se partes das RAEs numeradas de 1 a 6;
- termos que podem ser interpretados como gerundivos, conjugando-se partes de uma das RAEs numeradas de 1 a 6 e outras RAEs;
- termos que não podem ser interpretados como gerundivos através de nenhuma das RAEs numeradas de 1 a 6.

A fim de demonstrar como essas situações diversas se situam entre as palavras analisadas, apresento a seguir o Quadro 5.

Quadro 5 – Distribuição dos grupos de gerundivos quanto a sua interpretação semântica

Grupo	Base verbal	RAE usada na interpretação	Exemplos
i	Sim	RAE 1 a 6	todos
ii	Sim	RAE 1	diminuendo, dividendo, educando, execrando, expulsando, multiplicando, subtraendo, venerando
		RAE 1 e 2	segundo
		RAE 1 e outra	redondo
		Nenhuma	agenda, corrigenda, fazenda, lenda, memorando, moenda, propaganda, reprimenda
	Não	RAE 1	minuendo, oferenda, reverendo
		RAE 1 e 2	oriundo
		RAE 1 e outra	estupendo, horrendo
		Nenhuma	mundo

(continua)

(Quadro 5 – conclusão)

iii	Sim	RAE 1	*examinando*
		RAE 1 e 2	*advindo*
		Nenhuma	*vivenda*
iv	Não	RAE 1	*jucundo, rabicundo*
v	Sim	RAE 1	*vagabundo*
		RAE 1 e outra	*meditabundo, tremebundo*
	Não	RAE 1	*nauseabundo*
		RAE 1 e outra	*pudibundo*
vi	Não	RAE 1 e outra	*hediondo*
		Nenhuma	*quejando*
vii	Não	RAE 1 e 2	*inda*
viii	Sim	RAE 1	*bacharelando, diplomando, extraditando, fatorando, liquidando, naturalizando, predicando, tributando, tutelando*
ix	Não	Nenhuma	*merenda, prenda, berlinda, ronda, sonda, onda*
x	Sim	RAE 1 e outra	*lavanda*
	Não	Nenhuma	*varanda, quitanda, estrondo*
xi	Sim	RAE 1 e outra	*fecundo, infindo*
	Não	Nenhuma	*demanda, comando, emenda, mando, comenda, encomenda, venda, fenda, tunda, mando*

    Vale observar que o emprego de RAEs demonstrou-se bastante interessante. Por um lado, tais regras provaram ser um recurso teórico vantajoso para se tratar do léxico como uma parte da gramática que está sujeita a interferências do falante, e não como um conjunto fixo de palavras. Por outro, apresentam-se como um recurso eficaz no estabelecimento de critérios para se analisarem palavras cuja derivação é irregular na língua. Através das RAEs, pude incluir entre os termos gerundivos do português inúmeras palavras que não poderiam ser tratadas como tal a partir de recursos descritivos de outras naturezas, como aqueles em que termos, mesmo não tendo bases verbais, são interpretados como gerundivos através das RAEs.

Até aqui, já apresentei condições para tratar de todos os casos de palavras gerundivas, com ou sem bases verbais, no português contemporâneo. Resta-nos discutir, finalmente, um último caso, antes de concluir essa exposição sobre a natureza do morfema /-ndo/.

3.4
/-ndo/ como marca de subordinação

Analiso a seguir a situação do morfema /-ndo/ funcionando como marca de subordinação, incluindo-se nessa questão os seguintes casos de gerundivos: assemelhados a COES, a QU-A e a QU-. Apresentei no Capítulo 2 que, ao se assemelhar às marcas de subordinação, o morfema /-ndo/ deixa de apresentar qualquer característica que lhe permita ser tratado do mesmo modo como se pode tratar a desinência ou o sufixo. Assim sendo, caso estivéssemos interessados em considerar esse uso do morfema /-ndo/, não seria possível estabelecer um tratamento único para ele no português. Considerarei que essa situação será incontornável exclusivamente se não houver nenhuma alternativa para tratar esse tipo de marca de subordinação através dos recursos descritivos que empreguei para dar conta dos demais casos de gerundivos, ou seja, RAEs e RFPs.

O único impedimento para que se possa tratar do morfema /-ndo/ como marca de subordinação por meio de RFPs e RAEs é o fato de que, com essa função, o morfema não se aplica a palavras, mas sim a sentenças. A estrutura de uma sentença subordinada por /-ndo/ é equivalente a:

$$\overline{S} \to /\text{-}ndo/\ S$$

A diferença entre um $\overline{S}$ como o descrito e um que não se bifurque numa marca de subordinação é o fato de que sentenças, cuja estrutura se assemelha ao que apresentei na regra $\overline{S} \to /\text{-}ndo/\ S$, invariavelmente estão dominadas por um $\overline{Qu}$ em posição estrutural mais elevada.

$$\overline{Qu} \to Qu\text{-}\ S$$

Assim, pode-se observar que a própria regra descritiva já é capaz de demonstrar que o papel de /-ndo/ nesses casos é diferente do papel que exerce na formação de palavras. Em processos derivacionais ou flexionais, o morfema /-ndo/ não é expelido do nódulo em que se encontra a palavra a que se ligou.

A única alternativa para que não tenhamos de lidar com esse uso peculiar de /-ndo/ e, consequentemente, possamos enquadrá-lo num único procedimento descritivo é verificar se esse morfema pode ser descrito, também nesses casos, dentro do nódulo que contém a palavra a que se liga. Isso significa retirar o nódulo e substituí-lo por outro que contenha algo do tipo X-ndo. Se for esse o caso, será possível tratá-lo com o mesmo tipo de mecanismo que vimos empregando para analisar os demais casos já tratados até aqui.

Convém ressaltar, entretanto, que a busca de um tratamento único para /-ndo/ não significa o mesmo que buscar um modo de desconsiderar seu papel subordinativo. A propriedade subordinativa é inerente a esse morfema e isso é incontestável. Meu objetivo é tão somente o de verificar a possibilidade de apresentar um modo de tratar de maneira mais econômica e mais elucidativa as diversas funções que podem ser exercidas pelo mesmo morfema.

Caso seja possível tratar do morfema /-ndo/ assemelhado a marcas de subordinação dentro do nódulo em que está a palavra a que se liga, não apresentarei nada de extraordinário, ainda que isso não seja um comportamento típico de morfemas como as desinências e os sufixos. Nas regras descritivas que estou usando, encontra-se já um precedente relevante, concernente ao emprego desinencial de /-ndo/, quando faço uso de um mecanismo originariamente destinado ao tratamento de sufixos para tratar de um morfema que se apresenta como desinência (recorda-se o caso de gerundivos que funcionam tal qual verbos).

Uma das alternativas mais simples para solucionar o problema de /-ndo/ funcionar como marca de subordinação é a de tratá-lo do mesmo modo como um nominal gerundivo do inglês é tratado.

86. John learning mathematics is nothing but a dream.
86a. João aprendendo matemática não é mais do que um sonho.
87. Não consigo imaginar João aprendendo matemática.
88. João, aprendendo matemática no próximo semestre, passará para a quinta série.

Devido à ambiguidade própria de sentenças como 69 e 67, devemos considerar a possibilidade de /-ndo/ também funcionar como REL, exemplificado em 87a:

69. Estes postes caindo são um perigo.
87a. Não consigo imaginar [¹ John [² ∅ aprendendo matemática²]¹].

Vejamos, então, como podemos tratar desses casos de vocábulos semelhantes aos nominais gerundivos do inglês. As sentenças 86 a 87 podem ser analisadas como contendo a palavra *aprendendo*, que é inserida numa posição estrutural, juntamente com seus complementos. Assim, em vez de termos sentenças subordinadas por /-ndo/, com característica de nomes, passamos a ter palavras formadas por /-ndo/ a partir das regras de redundância (morfológica e semântica) do tipo já descrito anteriormente.

O problema para que essa alternativa seja aceita é o fato de que o vocábulo derivado passa a ter características morfossintáticas não compatíveis com nenhum dos padrões sintáticos e morfológicos dos vocábulos do português que não sejam verbos. Entre elas, a mais destoante é a propriedade de imprimirem casos gramaticais diferentes a dois complementos não precedidos de preposições, tal como nos exemplos – é o caso de *John*, regido pelo nominativo, e de *matemática*, regido pelo acusativo. Quando estão em sentenças, esses complementos são dominados por nódulos diferentes: *John* é dominado por S e *matemática* é dominado por SV. Quando dominados por um nódulo $\overline{N}$, complementos como *John* são controlados por Prep2 (*de* ou *por*), assim como *matemática* (*de*). Uma palavra como *aprendendo* teria um comportamento sintático bastante diferente, tal como se pode observar na regra a seguir:

$$SX \text{ ou } \overline{X} \rightarrow \text{Comp X-ndo Comp}$$

Caso se admita que palavras desse tipo possam ser tratadas por meio de RFPs e RAEs, vamos encontrar o problema de que suas propriedades não poderão ser resgatadas através de nenhuma das informações já apresentadas nas demais classes de palavras, porque, até aqui, nenhuma outra classe de palavras pôde imprimir dois casos gramaticais distintos, não regidos por preposição, dominados por um só nódulo sintático não imediatamente controlado por SV ou $\overline{N}$. É igualmente impossível introduzir tais informações no conjunto de propriedades de classes de palavras já proposto, uma vez que nenhuma das classes lá descritas poderia absorver características compatíveis com o padrão [Comp X-ndo Comp].

Diante disso, torna-se inevitável a proposição de uma nova classe de palavras. Essa classe, que reunirá as palavras gerundivas que admitem o padrão [Comp X-*ndo* Comp], tem de ser criada a fim de que se possa tratar do caso de /-ndo/ subordinativo através das regras já propostas.

Em consequência do exposto, então, nenhum tratamento único para os vocábulos formados com /-ndo/ pode ser proposto sem que se considere uma classe de palavras gerundivas, independente das demais, haja vista:

- existirem usos dos gerundivos que contrariam as propriedades anteriormente apresentadas para as classes de palavras;
- ser o caso de /-*ndo*/, como marca de subordinação, irredutível a qualquer outro caso sufixal ou desinencial de /-*ndo*/, exceto na hipótese de se considerar seu tratamento a partir de formas semelhantes a nominais gerundivos do inglês.

Denominarei, então, *gerundivos* a classe de palavras do português que compreenderá os termos que podem dominar dois ou mais casos diferentes, mesmo sem estarem estes controlados por preposição. Os termos pertencentes a essa classe podem ser analisados por RFPs e RAEs, seguindo o mesmo comportamento dos demais termos que apresentam o morfema /-*ndo*/. Consegue-se, assim, formular um tratamento único para todos os casos de palavras gerundivas, por meio do qual se torna possível evitar tratamentos múltiplos para o morfema /-*ndo*/.

Em prosseguimento, discuto a possibilidade de a classe dos gerundivos estender-se a todos os gerundivos do português e, em consequência dessa discussão, apresento conclusões finais acerca do papel funcional do morfema /-*ndo*/.

3.5
A classe dos gerundivos e o morfema /-*ndo*/

Até aqui, apresentei uma classe de palavras denominada *gerundivo*, que só está englobando os casos em que se encontram sentenças complementizadas por /-*ndo*/, quando, funcionando como marca de subordinação, esse morfema acaba criando situações do tipo [Comp X-ndo Comp]. Nada impede, portanto, que os gerundivos, nesses casos, possam ser tratados simplesmente como verbos de sentenças subordinadas, aos quais se aplicou uma marca de subordinação. Esse fato fragiliza muito a proposição de uma classe de gerundivos no português, uma vez que esta parece ter sido criada só para justificar uma forma de tratamento único para palavras que apresentam o morfema /-ndo/. Com esse *status*, teríamos, então, um tipo de classe de palavras que não poderia ser considerada a partir dos critérios classificatórios que enumerei no Capítulo 4 do Volume 1, porque, tratando-se de uma classe fabricada por um arranjo teórico, seria pouquíssimo provável que se lhe pudesse atribuir critérios de natureza universal necessária, como os critérios nocionais. Já que os traços nocionais são os mais elevados na hierarquia pré-contextual, uma classe que não os possua também não poderá possuir nenhum dos demais critérios classificatórios que seguem na hierarquia. Em consequência disso, a classe dos gerundivos acabaria por se tornar um objeto que, definitivamente, não poderia ser analisado através da teoria que apresentei acerca de classes de palavras.

Caso eu me restringisse exclusivamente à questão do tratamento do morfema /-ndo/, a problemática situação da classe dos gerundivos não seria relevante. Todavia, essa situação cria, mais uma vez, um problema de relacionamento entre teorias da gramática, só que, agora, em vez de um problema entre teoria morfológica e teoria sintática, temos, então, um problema entre teoria de classes de palavras e as demais.

Para corrigir esse problema, apresento a seguir uma análise sobre a possibilidade de a classe dos gerundivos não se restringir a apenas um caso isolado dos termos que apresentam o morfema /-ndo/, mas englobar todos eles. Desse modo, procuro verificar se o tratamento único que estou dando às palavras formadas com /-ndo/ pode ser refletido numa classe de gerundivos que englobe todos os casos apresentados. Se isso for possível, então, a regra a seguir poderá ser a síntese de g(a) a g(h):

$$\begin{bmatrix} /X + /Ndu// \\ + \text{gerundivo} \end{bmatrix} \leftrightarrow \begin{bmatrix} /X/ \\ +V \end{bmatrix}$$

Para que possamos generalizar a classe dos gerundivos a todas as palavras gerundivas do português, devemos nos pautar em características que as classes já propostas no Volume 1 apresentam. As características que me interessam no momento são as seguintes:

- as classes de palavras podem apresentar mais de uma descrição sintática, por exemplo: ADJL, ADJE, E ou T;
- as classes de palavras podem apresentar mais de um traço sintático, sejam estes concomitantes (como em N e ADJL, em que os traços [+N] e [+V] podem ser identificados numa mesma palavra e num mesmo contexto sintático), sejam complementares (como em Poss, T, E e PROI, em que uma mesma palavra não pode apresentar-se com dois traços sintáticos num mesmo contexto, ainda que possam apresentar-se com traços diferentes em contextos sintáticos diferentes);
- as classes de palavras podem ser, em alguns casos, semanticamente imprevisíveis (como em N);
- certas classes de palavras podem conjugar mais de um traço nocional, como DEM, ADEF ou AIND.

Diante dessas características, pode-se observar que é perfeitamente possível estabelecer uma classe de gerundivos nos seguintes termos:

Classe de palavras – Gerundivo: -ndo

Traços nocionais

    [+ PARTE SUBSTANTIVA DA OPERAÇÃO SUBSTANTIVA]
    [+ QUALIFICATIVO]
    [+ SITUAÇÃO T/E]
    [+ RECURSO GRAMATICAL]
    [+ COESIVO]

Propriedade transitória que pode denominar, qualificar ou situar um objeto, uma proposição ou um texto.

Traços básicos

[+ RECEBE CASO] [+ IMPRIME CASO].
[± gênero] [± número] [± grau] [- M.T.A.]

Descrição sintática

a. $\overline{\text{ndo}}$ → Espec [ndo → Comp ndo]
  89. Os mestrandos em Letras vão indo bem.

b. $\overline{\text{ndo}}$ → (Comp) ndo Comp
  90. Todo mundo falando ao mesmo tempo fica essa confusão toda.

c. $\overline{\text{X}}$ → [Sndo → Espec [ndo → $\overline{\text{ndo}}$ Comp]] X
  91. A guria quase caindo no chão berrou para a mãe.

d. $\overline{\text{S}}$ → [Sndo → (Comp) ndo Comp] S
  92. Considerando-se a elevação do solo, o terremoto está próximo de acontecer.

Comparemos agora, caso a caso, os diferentes tipos de gerundivos apresentados ao longo deste capítulo com os traços sintáticos que se encontram expostos na descrição da classe dos gerundivos:

- Gerundivos como substantivos comuns.
Exemplos: *mestrando* ou *odontolando* – [+N, +V]; *minuendo* – [+N].

- Gerundivos como advérbios de modo.
Exemplo: corrige *fazendo* cruzinhas – [+A, +V].

- Gerundivos como verbos.
Exemplo: Vai *falando* de uma vez – [+V].

- Gerundivos similares a adjetivos quantificadores.
Exemplo: *os alunos doutorandos em Letras* – [+A, +V].

- Gerundivos similares a advérbios de tempo.
Exemplo: esse garoto *comendo* pão – [+A, +V].

- Gerundivos similares a Prep4.
  Exemplo: *excetuando*-se Ana – [+P, +A, +V].

- Gerundivos similares a coesivos.
  Exemplo: *Concluindo* o assunto, adeus! – [+P, +V].

- Gerundivos como QU-A.
  Exemplo: *Chegando* em casa, tomarei banho – [+V, +P].

- Gerundivos propriamente ditos[30].
  Exemplo: Esse menino *comendo* pão me aborrece – [+N, +P, +V].

Dentro dos termos propostos, os gerundivos podem, de fato, ser reunidos numa classe de palavras. Essa classe, além de resolver o problema que identifiquei anteriormente acerca da classe dos gerundivos, traz algumas características interessantes. Observam-se os Quadros 6 e 7, que resumem as classes de palavras apresentadas no Quadro 1.

Esses quadros mostram que as seguintes conjugações de traços sintáticos não são encontradas em nenhuma classe de palavras:

[+N, +V, +P];
[+A, +V];
[+A, +V, +P];
[+V, +P];
[+N, +A, +V, +P].

A classe dos gerundivos preenche quatro das cinco conjugações que estavam em aberto. Através dos Quadros 6 e 7, que são encontrados adiante, pode-se verificar que a classe NDO encaixa-se perfeitamente entre as demais classes. Mais do que isso, NDO preenche espaços anteriormente vazios, normalizando, assim, a situação da língua portuguesa com relação à combinação de traços sintáticos e nocionais. O estabelecimento desta classe é, portanto, não apenas uma necessidade teórica, mas, sobretudo, um recurso satisfatório para revelar como o próprio sistema da língua se organiza para atender às necessidades do falante, relativamente aos recursos de expressão.

Quadro 6 – Classes de palavras, traços distintivos e NDO

Classes	P. Sub. Op. Pred.	Qualificador	Extensão X	Situação T/E	Pronome	Rec. Gramatic.	Coesivo	N	A	V	P	Imprime caso	Recebe caso	S	N	V	Espec	Comp	Gênero	Número	Tempo	Modo	Pessoa gram.	Aspecto	Grau
N	+	-	-	-	-	-	-	+	-	±	-	+	+	-	+	-	-	+	+	+	-	-	-	-	-
NPr	+	-	-	-	-	-	-	+	-	-	-	-	+	-	+	-	-	+	-	-	-	-	-	-	-
V	+	-	-	-	-	-	-	-	-	+	-	+	-	-	-	+	-	-	-	-	+	+	+	+	-
ADJQ	-	+	-	-	-	-	-	+	+	±	-	+	+	-	+	+	+	+	+	+	-	-	-	-	+
ADJE	-	+	-	-	-	-	-	+	+	-	-	-	+	-	+	+	+	+	±	±	-	-	-	-	±
POSS	-	+	-	-	-	-	-	-	+	-	-	-	+	-	+	+	+	+	+	+	-	-	-	-	-
MODO	-	+	-	-	-	-	-	-	+	-	-	-	-	-	-	-	+	+	-	-	-	-	-	-	-
INTENS	-	+	-	-	-	-	-	-	+	-	-	-	-	-	-	+	+	+	-	-	-	-	-	-	-
MODAL	-	+	-	-	-	-	-	-	+	-	-	-	-	+	-	-	+	-	-	-	-	-	-	-	-
NEG	-	+	-	-	-	-	-	-	+	-	-	-	-	-	-	-	+	+	-	-	-	-	-	-	-
DEL	-	-	+	-	-	-	-	-	+	-	-	-	+	-	+	-	+	-	+	+	-	-	-	-	-
QUANT	-	-	+	-	-	-	-	-	+	-	-	-	+	-	+	-	+	-	±	±	-	-	-	-	-
NUM	-	-	+	-	-	-	-	-	+	-	-	-	-	-	+	-	+	-	±	±	-	-	-	-	-
ORD	-	-	+	-	-	-	-	-	+	-	-	-	+	-	+	-	+	-	+	+	-	-	-	-	-
DEFL	-	-	+	-	-	-	-	-	+	-	-	-	+	-	+	-	+	-	+	+	-	-	-	-	-
T	-	-	-	+	-	-	-	+	+	-	-	-	-	+	+	+	+	+	-	-	-	-	-	-	-
E	-	-	-	+	-	-	-	+	+	-	-	-	-	+	+	+	+	+	-	-	-	-	-	-	-
DEM	-	-	+	+	-	-	-	-	+	-	-	-	+	-	+	-	+	-	+	+	-	-	-	-	-
ADEF	-	-	+	+	-	-	-	-	+	-	-	-	+	-	+	-	+	-	+	+	-	-	-	-	-
AIND	-	-	+	+	-	-	-	-	+	-	-	-	+	-	+	-	+	-	+	+	-	-	-	-	-
PROP	-	-	-	-	+	-	-	+	-	-	-	-	+	-	+	-	-	+	±	+	-	-	-	-	-
PROT	-	-	-	-	+	-	-	+	-	-	-	-	+	-	+	-	-	+	-	+	-	-	-	-	-
PROH	-	-	-	-	+	-	-	+	-	-	-	-	+	-	+	-	-	+	±	-	-	-	-	-	-
PROI	-	-	-	+	+	-	-	+	+	-	±	-	+	+	-	+	-	+	±	±	-	-	-	-	-
REL	-	-	-	-	+	+	-	+	+	-	+	-	+	+	+	-	+	-	+	-	-	-	-	-	-
+	-	-	-	-	-	+	-	-	-	-	-	-	-	-	+	+	+	+	+	-	-	-	-	-	-
QU-	-	-	-	-	-	+	-	-	-	-	-	-	-	-	-	+	-	-	+	-	-	-	-	-	-
PREP1	-	-	-	-	-	+	-	+	-	-	+	+	-	-	+	-	-	+	-	-	-	-	-	-	-
PREP2	-	-	-	-	-	+	-	+	-	-	+	+	-	-	+	+	-	+	-	-	-	-	-	-	-
PREP3	-	-	-	-	-	+	-	±	+	-	+	±	-	-	+	+	+	-	-	-	-	-	-	-	-
PREP4	-	-	-	-	-	+	+	-	+	-	+	±	-	+	-	-	+	-	-	-	-	-	-	-	-
QU-A	-	-	-	-	-	+	+	-	-	-	+	-	-	+	-	-	+	-	-	-	-	-	-	-	-
COES	-	-	-	-	-	-	+	-	-	-	+	-	-	+	-	-	+	-	-	-	-	-	-	-	-
NDO	+	+	-	+	-	+	+	+	+	+	+	+	+	+	+	+	+	+	+	-	-	-	-	-	+

Quadro 7 – Classes de palavras e combinações de traços sintáticos

Classes	N	NA	NV	NP	NAV	NAP	NVP	A	AV	AP	AVP	V	VP	P
N			•											
NPr		•												
V													•	
ADJQ				•										
ADJE		•												
POSS		•												
MODO								•						
INTENS								•						
MODAL								•						
NEG								•						
DEL								•						
QUANT								•						
NUM								•						
ORD								•						
DEFL								•						
T		•												
E		•												
DEM								•						
ADEF								•						
AIND								•						
PROP	•													
PROT	•													
PROH	•													
PROI					•									
REL					•									
+	x	x	x	x	x	x	x	x	x	x	x	x	x	x
QU-	x	x	x	x	x	x	x	x	x	x	x	x	x	x
Prep1				•										
Prep2				•										
Prep3					•									
Prep4										•				
QU-A														•
COES														•
NDO			•		•		•		•		•	•	•	

Com isso, então, sinto-me à vontade para empregar definitivamente a classe dos gerundivos como uma categoria gramatical do português. Essa posição, que contraria em muito as abordagens convencionais sobre o assunto, traz inúmeras vantagens para a teoria da gramática como um todo. Particularmente, entretanto, a classe NDO é vantajosa no sentido de que prova ser possível tratar dos termos gerundivos do português a partir de um procedimento único, adequado, ao mesmo tempo, a todos os componentes descritivos dentro de uma gramática.

Observa-se o modo como a classe NDO, no Quadro 6, dispõe-se entre as demais classes anteriormente propostas. Em seguida, observa-se, também, como essa classe preenche, na língua portuguesa, certas combinações de traços sintáticos que não podem ser encontradas entre termos de outras classes.

Neste ponto do trabalho, reúno instrumentos suficientes para concluir sobre a natureza gramatical do morfema /-ndo/. Dada a classe dos gerundivos NDO, o morfema /-ndo/ poderia facilmente ser tratado como um sufixo, já que deixam de existir todos os problemas para que isso fosse proposto: os usos desinencial e subordinativo são automaticamente absorvidos dentro da própria classe e em nenhum caso /-ndo/ gera palavras que não tenham comportamento equivalente a, pelo menos, um tipo de classe de palavras. Essa simplificação do papel funcional de /-ndo/, porém, é muito pouco interessante.

Como se verifica nos Quadros 6 e 7, a classe dos gerundivos é essencialmente híbrida. Trata-se de um complexo que reúne palavras que, mesmo partindo de uma essência comum, comportam-se dento de limites de variação incomuns dentro da língua. Admitindo-se /-ndo/ como um mero sufixo, perde-se a possibilidade de explicar por que o tipo de palavras formado por ele apresenta um comportamento tão complexo.

Na realidade, os gerundivos são termos peculiares, porque derivam de um morfema não menos complexo. Ora funcionando como típico sufixo, ora como desinência, ora como marca de subordinação, o morfema /-ndo/ não é verdadeiramente nada disso isoladamente, mas sim tudo isso de forma amalgamada. Ainda que se possa considerar /-ndo/ como um sufixo regular, por força do tratamento único que propus para os termos gerundivos, esse procedimento seria inadequado por desprezar a natureza ímpar desse morfema.

Em razão disso, vou optar por classificar /-ndo/ como um morfema híbrido, ou complexo, que reúne propriedades sufixais, desinenciais e subordinativas, de modo tal que não se consegue determinar, de fato, onde começa e termina cada uma delas. Essa classificação é satisfatória porque reflete adequadamente a complexa configuração da classe de palavras derivada de /-ndo/.

Nesses termos, atendo ao objetivo que me propus a alcançar neste estudo, que era o de definir as condições para o estabelecimento de um modelo teórico-descritivo que viabilizasse a descrição de palavras complexas, tais como os gerundivos. Na realidade, estabeleceram-se bases para novos estudos, seja quanto à classe dos gerundivos em particular, seja quanto a outras classes de palavras, seja, até mesmo, quanto à própria organização da gramática, não apenas pela solução coerente de classificação de morfemas complexos como /-ndo/, mas, também, pelo processo de classificação de palavras descrito, capaz de absorver a complexidade de fenômenos gramaticais como os gerundivos.

ca.pí.tu.lo
quatro

Considerações finais

A o longo das discussões acumuladas neste volume e no anterior, reuni uma série de informações que me permitiram concluir pela pertinência de uma classe de palavras formada por termos gerundivos do português. Essa classe, denominada *NDO*, baseia-se em evidências observáveis no comportamento de palavras que apresentam o morfema /-*ndo*/, cujas propriedades funcionais caracterizam-no como um morfema híbrido e, consequentemente, complexo no interior da gramática do português.

Para chegar a essa conclusão, analisei as classes de palavras convencionalmente empregadas pela descrição gramatical e propus sua reformulação, com base na conjugação de traços classificatórios de natureza nocional, semântica, sintática e morfológica.

O atestado definitivo de que /-*ndo*/ forma uma classe de palavras no português foi obtido através da análise dos diferentes recursos de descrição morfológica com que se pode tratar desse morfema, desde o regularmente empregado na tradição gramatical até os apresentados após o surgimento da Teoria Gerativa. Durante essa análise, comparei os derivados do /-*ndo*/ aos termos pertencentes às classes de palavras que levantei no Volume 1 e, a partir da análise da situação dos gerundivos perante as demais classes e os processos de formação de palavras, constatei que é possível descrever o comportamento dos gerundivos do português a partir de um tratamento derivacional único. Esse tratamento é capaz de analisar formas que apresentam, ou não, bases verbais no português contemporâneo e, ainda, de antever a possibilidade de criação de novas formas gerundivas.

As perspectivas de aplicação dos conteúdos descritos neste volume e no anterior são inúmeras, não apenas para a ciência linguística, mas também para outras ciências que requeiram informações acerca da estrutura da língua. Ainda que eu tenha me concentrado particularmente na defesa da tese de que o morfema /-*ndo*/ forma uma classe específica de palavras no português, as discussões e análises que apresentei acerca de aspectos gerais da descrição gramatical constituem a contribuição mais expressiva para o desenvolvimento da ciência linguística.

Observando alguns casos particulares de gerundivos, pode-se atestar a existência de certos fatores que restringem as suas interpretações possíveis. A investigação desses fatores torna-se particularmente interessante uma vez que a classe NDO reúne termos que podem ser interpretados de maneiras muito diferentes, do ponto de vista gramatical.

A legitimação da classe NDO na teoria gramatical ainda depende, todavia, de estudos que aprofundem o conhecimento acerca de suas condições de uso e, consequentemente, das propriedades que os falantes empregam para discernir a sua identidade gramatical. Dois fatores que devem ser arrolados no estudo posterior de NDO são, respectivamente, de ordem lexical, quanto a informações de natureza semântica, e de ordem morfossintática, na forma como esclarecido a seguir.

Parte dos fatores que condicionam a interpretação dos gerundivos relaciona-se diretamente à subclassificação da classe NDO através de traços de natureza semântica, e outros conjugados a estes (como no estudo apresentado no terceiro volume desta obra, relativo aos verbos). Mesmo não dispondo no momento de um inventário de traços semânticos capazes de permitir que se subclassifiquem os termos de NDO, há evidências de que o falante considera esse tipo de fator no discernimento da interpretação funcional dos gerundivos.

Uma dessas evidências é o fato de que o falante exclui de certas bases verbais a possibilidade de derivarem gerundivos interpretáveis como assemelhados a advérbios de modo. Assim, por exemplo, verbos como *ocorrer* pertencem a uma subclasse de predicadores cujas propriedades semântico-nocionais não incluem a possibilidade de derivarem advérbios de modo ou gerundivos assemelhados a advérbios de modo.

Outras evidências igualmente relacionadas a aspectos semântico-nocionais podem ser identificadas no conjunto de complementos a que os gerundivos podem se associar. Um exemplo disso é o caso de certos gerundivos que funcionam ora como substantivos comuns, ora como adjetivos essenciais, tais como *mestrando, bacharelando* etc. Esses gerundivos se associam necessariamente a um tipo particular de papel temático ([+ objetivo]) que pode ser expresso na sentença com o seu antecedente sintático – no caso de o gerundivo funcionar como um adjetivo essencial; conferir exemplo a seguir – ou pode lhes ser inerente – no caso de o gerundivo funcionar como substantivo comum.

93. Entregue os formulários de inscrição ao aluno bacharelando.

Nessa frase, o termo *bacharelando* é interpretado como um gerundivo que funciona como adjetivo essencial – e não como um gerundivo assemelhado a advérbio de tempo, por exemplo – uma vez que o seu antecedente (aluno) atende à possibilidade de assumir o papel de [+ objetivo] na predicação associada a *bacharelar*.

94. Entregue os formulários de inscrição ao bacharelando.

Nessa frase, a interpretação do gerundivo como um substantivo cria a expectativa de que este se interprete como [+ objetivo], o que se explica através do fato de que *bacharelando* é aquele que está sujeito à predicação de *bacharelar*.

Os dois tipos de exemplos apresentados demonstram haver estreita relação entre informações de natureza semântico-nocional e as condições de interpretação dos termos gerundivos. Possivelmente, o estudo dessas condições venha, paralelamente, a se relacionar a estudos sobre a subclassifcação semântico-nocional dos verbos.

Outro tipo de fatores a se considerar na análise das condições de interpretação dos gerundivos é de ordem morfossintática. Enquanto assemelhado a QU-A (as conjunções formadoras de orações subordinadas adverbiais e certas coordenadas), o gerundivo se interpreta, muitas das vezes, com base na observação de elementos como o tempo, o modo e o aspecto. Consideremos, por exemplo, as seguintes frases:

95. Se chover, não sairemos.
96. Como choveu, não saímos.

Em 95 e 96, nessas orações subordinadas adverbiais, uma condicional e outra causal, respectivamente, as conjunções *se* e *como* já são, por si sós, capazes de marcar as interpretações funcionais das sentenças. Observa-se, então, o caso do gerundivo *chovendo*, em 97 e 98.

97. Chovendo, não sairemos.
98. Chovendo, não saímos.

Pode-se observar que, nessas duas frases, a diferença na interpretação do gerundivo *chovendo* (condicional, num caso; causal, no outro) relaciona-se exclusivamente ao tempo verbal impresso no verbo *sair*: se futuro, interpreta-se o gerundivo como expressando uma condição; se passado, interpreta-se o gerundivo como expressando causa. Esses exemplos demonstram que aspectos morfológicos da sentença podem condicionar a interpretação dos gerundivos.

Esses pontos reforçam a necessidade de aprofundamento dos estudos aqui apresentados a fim de se descreverem melhor os aspectos concernentes ao uso da classe dos gerundivos do português. Ademais, o aprofundamento dos estudos sobre essa classe demanda, ainda, o aprimoramento dos recursos que introduzi no sentido da formulação de uma teoria sobre classes de palavras. A conclusão de um projeto destinado à elaboração de uma teoria sobre classes de palavras somente poderá ser minimamente alcançado quando se tiverem:

- investigado quais outros traços – particularmente, semânticos – devem ser inseridos na hierarquia já existente, a fim de que se possam descrever classes mais específicas;
- estabelecido condições gerais para o levantamento e emprego de um número de classes de palavras que permita à descrição sintática registrar adequadamente a forma real das línguas naturais.

A classe dos gerundivos já é, entretanto, por si, um passo nesse sentido, mesmo que esta ainda careça de outros estudos relacionados à sua caracterização nos domínios semântico e pragmático. Meu objetivo neste segundo volume foi demonstrar que é possível estabelecer um tratamento único para os vocábulos gerundivos do português, sem que com isso se causem prejuízos para a descrição sintática, ou, tampouco, para a organização do léxico. Ao fazê-lo, entretanto, tornou-se necessário atestar inicialmente a natureza complexa do morfema /-ndo/, cujas propriedades condicionam o comportamento dos termos da classe dos gerundivos. Em virtude do fenômeno abordado e da irrecorrível relação entre as palavras gerundivas e o perfil funcional de /-ndo/, o estudo apresentado articula aspectos teóricos relacionados tanto à descrição sintática, quanto à descrição léxico-morfológica. Embora, sempre que possível, eu tenha tratado os aspectos sintáticos e léxico-morfológicos separadamente – buscando demonstrar, assim, a procedência de cada tipo de discussão –, assegurei que as soluções particulares propostas na análise de cada um não acabassem gerando conflitos no seu relacionamento no interior da teoria da gramática. Com isso, procurei me assegurar de que os fatos de gramática pudessem ser harmonicamente conjugados dentro de uma estratégia de tratamento único do fenômeno lexical relacionado aos gerundivos.

4.1
Síntese geral

Nos capítulos precedentes, analisei diversos fatos teóricos, derivando-se, muitas vezes, novos fatos e verificando sua aplicabilidade a dados concretos do português. Cada um desses capítulos traz pelo menos um aspecto teórico ou aplicado, relevante para a obtenção de um corpo teórico referente à complexidade lexical, cujo elenco apresento a seguir.

Capítulo 1: define o que foi considerado como gerundivo, apresentando, também, considerações acerca da origem do morfema /-ndo/ no latim, a partir das desinências de gerúndio e gerundivo.

Capítulo 2: Reúne todos os conteúdos apresentados anteriormente, na tentativa de tratar dos termos gerundivos a partir das classes de palavras definidas. Foi verificado, no entanto, que isso não seria possível, devido ao fato de que o morfema /-ndo/ costuma ser convencionalmente tratado ou exclusivamente como desinência verbal (conforme posição corrente na tradição gramatical moderna), ou exclusivamente como sufixo (conforme Câmara Júnior, 1977), sem que, no entanto, seja prevista a possibilidade de alguma outra alternativa de classificação. Comparando os gerundivos aos termos das demais classes, foi observado que /-ndo/ funciona ora como desinência, ora como sufixo, ora como marca de subordinação. A partir da análise de diversas possibilidades de descrição do morfema /-ndo/, conclui-se que a melhor alternativa descritiva é tratá-lo como um morfema complexo, de forma única e multifuncional, evitando, assim, considerar a existência isolada de uma desinência /-ndo/ e de um ou mais sufixos /-ndo/.

Capítulo 3: Apresenta um estudo morfológico do comportamento de /-ndo/, do qual se pôde constatar que, por um lado, tratamentos de motivação sintática são capazes de descrever /-ndo/ somente quando este funciona como desinência verbal, ao passo que tratamentos de motivação morfológica são capazes de dar conta de /-ndo/ apenas quando este têm um comportamento semelhante ao dos sufixos. Na medida em que são poucos os casos em que /-ndo/, ao derivar palavras, funciona propriamente como um sufixo, acrescentou-se às regras de redundância um dispositivo que lhes confere a possibilidade de não operarem com classes de palavras, mas sim com traços classificatórios. Desse modo, tais regras tornaram-se capazes de descrever o comportamento de /-ndo/, seja nos casos em que este funciona como verdadeiro sufixo, seja nos casos em que funciona como desinência, ou, ainda, nos casos em que deriva palavras não exatamente equivalentes a termos de outras classes. Acrescentando às regras propostas o conceito de produtividade e uma versão modificada de RAEs, foi então possível dar conta de gerundivos com e sem base verbal no português contemporâneo, constatando, no entanto, que nem todas as palavras do *corpus* levantado no Capítulo 1 poderiam ser consideradas gerundivos. A classe dos gerundivos tornou-se uma consequência das conclusões anteriores e, ao mesmo tempo, uma alternativa para se poder tratar do caso em que /-ndo/ funciona tipicamente como marca de subordinação, valendo-se do mesmo procedimento empregado para tratar dos demais casos. Ainda com o estabelecimento dessa classe de gerundivos, não se mostrou justificável o tratamento de /-ndo/ como um simples sufixo, uma vez que, em face de suas características e das propriedades das palavras por ele formadas, a descrição gramatical obtém mais vantagens ao tratar desse morfema como um híbrido entre sufixo, desinência e marca de subordinação.

Encerrando este segundo volume da série de estudos sobre a complexidade lexical, sumarizo alguns dos tópicos mais centrais que deram corpo ao modelo descritivo aqui proposto.

Quanto ao morfema /-ndo/

Analisei diversos dos aspectos que caracterizam o morfema /-ndo/ em português. Neste estudo, considerei os tratamentos apresentados na tradição gramatical e na linguística gerativa, então diferenciando tratamentos de natureza estritamente sintática e tratamentos de natureza estritamente morfológica.

O tratamento tradicional de /-ndo/

O morfema /-ndo/ é generalizadamente tratado como desinência verbal entre os gramáticos tradicionais, embora muitos reconheçam que as formas verbais com /-ndo/ possam ter comportamento sintático não idêntico ao comportamento dos verbos. Mattoso Câmara Júnior apresenta-o como um sufixo e, em razão disso, estabelece uma classe de palavras que ele denomina *verboide*. O tratamento de /-ndo/ como desinência é, em parte, baseado na crença de que todas as palavras que hoje com ele se formam a partir de verbos tenham derivado do gerúndio latino. Entretanto, essa crença não é de todo pertinente, porque o português está repleto de formas que evoluíram do gerundivo latino. Devido a acomodações fonético-fonológicas, a forma gerundiva passou a se apresentar idêntica, no português, à forma do gerúndio.

Sufixos relacionados a /-ndo/

Oiticica (1942) enumera diversos sufixos que constituem, na realidade, formas latinas correspondentes às desinências do gerúndio e do gerundivo, ou, ainda, sufixos latinos derivados do gerundivo. Com base na exposição de Oiticica (1942), formulei uma representação de /-ndo/ que é extensiva a palavras gerundivas com base verbal e não verbal. Para tratar do morfema /-ndo/, procedi a uma comparação entre os termos gerundivos e os termos das demais classes de palavras, procurando, desse modo, observar se haveria possibilidade de tratar esse morfema como desinência, sufixo ou marca de subordinação.

O gerundivo e as demais classes de palavras

Comparando os gerundivos às classes de palavras apresentadas no Quadro 1, são encontrados:
  i. termos que funcionam tal e qual membros de outras classes, permitindo tratar -ndo como sufixo; são as seguintes classes: verbos, substantivos comuns, advérbios de modo e ordinais;
  ii. gerundivos apenas assemelhados a termos de outras classes, que impedem de tratar /-ndo/ como sufixo; são as seguintes classes: adjetivos quantificadores, intensificadores, advérbios de tempo, coesivos e Prep4. O morfema /-ndo/ pode ainda funcionar como marca de subordinação do tipo QU-, QU-A e REL.

O tratamento morfológico de /-ndo/

Ao levantar recursos teóricos para descrever o comportamento morfológico de /-ndo/, estabeleci uma diferença entre estudos de motivação prioritariamente sintática e estudos de motivação prioritariamente morfológica. Os estudos de natureza prioritariamente sintática foram:

i. o tratamento do léxico proposto no modelo *standard* de Chomsky (1965), no qual não se consideram processos morfológicos, pois o léxico é concebido como uma lista não ordenada de palavras cuja forma já é dada à gramática como pronta e acabada; o caso de /-ndo/ é tratado através de regras transformacionais, considerando-se, portanto, esse morfema como uma desinência;

ii. a hipótese lexicalista, proposta em Chomsky (1970), a fim de solucionar o problema de certos vocábulos considerados como formas flexionais poderem contrair funções sintáticas diferentes daquelas comumente exercidas pelas classes a que pertencem; é o caso dos nominais gerundivos do inglês; para solucionar esse caso e manter o tratamento transformacional, Chomsky (1970) sugere suprimir indicações de classes de palavras no léxico, surgindo, assim, as entradas neutras.

As entradas neutras

Através do uso de entradas neutras, poderiam ser tratados, sem constrangimentos, os casos de gerundivos que apenas se assemelham a termos de certas classes de palavras. Todavia, apenas dois dos diversos casos de gerundivos podem ser tratados via hipótese lexicalista, uma vez que os demais não atendem às três condições básicas para se empregar essa hipótese, a saber: condição de redundância semântica, condição de generalidade na classe e condição de reciprocidade.

/-ndo/ em estudos de natureza morfológica

Para tentar ampliar o número de casos de gerundivos tratáveis pela gramática, busquei os seguintes estudos de motivação morfológica: o de Jackendoff (1975) e o de Basílio (1980). Afim de solucionar certos problemas que o tratamento proposto em Chomsky (1970) traz, Jackendoff propõe que as indicações de classes de palavras voltem a constar nas entradas lexicais, disto resultando RRMs e RRSs. Apresentei modificações na estrutura das RRMs e RRSs de modo que elas pudessem atender convenientemente aos casos de gerundivos. As medidas que adotei foram as seguintes:

i. substituí as indicações de classes de palavras por especificações que indicam propriedades associáveis a uma ou mais classes;
ii. ajustei as RRMs e RRSs, permitindo-lhes incluir diversas propriedades sintáticas ou semânticas que remetem a uma ou mais especificações, de modo a caracterizar efeitos diversos obtidos a partir de um mesmo sufixo. Mediante o emprego das RRMs e RRSs modificadas, foi possível tratar de todos os gerundivos com base verbal existente no léxico do português.

Gerundivos sem base verbal: regras interpretativas

Não sendo possível tratar, através das regras propostas, dos gerundivos sem base verbal no léxico do português, recorri a um outro tipo de regras, denominadas *Regras de Análise Estrutural* (RAEs). As RAEs que apresentei são inspiradas em Basílio (1980), embora tenham características próprias:

i. baseiam-se no fato de que os falantes empregam operações mentais diferentes para:
   * criar e analisar palavras;
   * relacionar palavras já constantes no léxico a regras de formação de palavras;
ii. são aplicadas para analisar palavras novas, criadas por sufixos produtivos, e palavras já existentes na língua, mesmo aquelas formadas por sufixos improdutivos.

O emprego de RAEs demonstrou que nem todas as palavras que hoje apresentam o morfema /-ndo/ se comportam como gerundivos.

A classe dos gerundivos e o tratamento único de /-ndo/

Para formular um tratamento único do morfema /-ndo/, foi necessário considerar a classe dos gerundivos. Essa classe é formulada a fim de incorporar o uso de /-ndo/ como marca de subordinação às regras propostas anteriormente. Imediatamente, levantei o problema de que a classe NDO que havia sido proposta para justificar o tratamento único do morfema /-ndo/ jamais poderia ser comparada às demais classes de palavra. Essas classes são justificadas pela seleção de traços classificatórios e, na medida em que esses traços são baseados numa hierarquização pré-contextual, as classes derivadas a partir deles tornam-se logicamente necessárias. A classe NDO havia sido proposta de maneira diferente, parecendo só ter justificativa na tentativa de legitimar um procedimento gramatical de classificação do morfema /-ndo/.

Em seguida, verifiquei, com base em características das classes de palavra apresentadas no Volume 1, que é possível estender a classe dos gerundivos a todas as formas gerundivas. Desse modo, provei que uma classe de palavras gerundivas – NDO – justifica-se no português. A classe NDO, extremamente complexa, reúne termos que podem contrair diversas funções na sentença, muitas das quais não passíveis de serem exercidas por nenhum outro tipo de vocábulos. Uma delas, por exemplo, é a regência de caso, fora do SV, a mais de um Comp não dominado por preposição.

A situação funcional do morfema /-ndo/

Mesmo considerando a classe dos gerundivos, é, entretanto, mais conveniente não reduzir o morfema /-ndo/ a um único tipo de classificação, como, por exemplo, a de sufixo. Dada a complexidade de seus derivados, /-ndo/ fica melhor caracterizado como um morfema híbrido, que conjuga propriedades sufixais, desinenciais e subordinativas.

Os gerundivos e a teoria sobre classes de palavras

O modo como apresentei a questão dos gerundivos, neste volume, e as classes de palavras, no Volume 1, permitem-me afirmar que trouxe uma grande contribuição para a elaboração de uma teoria de classes de palavras. Os gerundivos reservam, ainda, outras formas de investigação, sobretudo quanto às condições gerais de sua interpretação pelo falante. Esse tipo de investigação, paralelamente, poderá trazer novas contribuições para o desenvolvimento de uma teoria sobre classes de palavras.

no.tas

[1] Conferir Chomsky (1970, 1986). Os princípios básicos da Teoria $\overline{X}$ encontram-se no Volume 1 desta coleção, divididos em duas partes: 3.1.3, na qual são tratados os aspectos que caracterizam uma categoria-barra, nas versões da Teoria Gerativa (Chonsky, 1970, 1986); 3.1.2, na qual são tratados os aspectos relacionados a processos derivacionais no campo da formação e da interpretação de palavras.

[2] A despeito de a Teoria Gerativa ter evoluído para uma forma significativamente diversa da que é descrita em Chomsky (1980a [1957], 1965), suas características conceptualistas persistem. As críticas levantadas por Katz (1985) são pertinentes, tanto para a fase transformacionalista da Teoria Gerativa, quanto para a fase interpretativista que tomou forma a partir dos anos de 1980.

[3] A condição de aprendizibilidade é uma medida de avaliação apresentada na literatura gerativista a partir de Chomsky (1965), que assinala a necessidade de os fatos teóricos propostas pela descrição gramatical serem compatíveis com o tipo de dado mental que o falante emprega durante o processo de aquisição da linguagem.

[4] Para detalhes acerca da noção de caso gramatical – particularmente nas línguas clássicas –, ver o Volume 1 desta coleção, no Capítulo 3.

[5] Sobre gerúndio latino, conferir Carl (1955, p. 65, 98, 99, 119, 127), e para o gerundivo, Carl (1955, p. 31, 51, 65, 67, 99, 119).

6   Conferir Huber (1933, p. 210): "As terminações do gerúndio são: 1ª conjugação: -ando: cantando; 2ª conjugação: -endo: vendendo; 3º conjugação: -indo: partindo." [par.] "Encontram-se também muitas vezes as grafias -ando, -endo e -indo." [par.] "O português conservou, portanto, o ablativo latino do gerúndio". Bechara (1976, p. 105): "O infinitivo pode ter função de substantivo (recordar é viver = a recordação é vida); o particípio pode valer por um adjetivo (homem sabido) e o gerúndio por um advérbio ou adjetivo (amanhecendo, sairemos = logo pela manhã sairemos; água fervendo = água fervente). Nessa função adjetiva o gerúndio tem sido apontado como galicismo; porém, é antigo na língua este emprego".

7   Recorda-se que estou compreendendo como gerundivos os termos que apresentam o morfema /-ndo/, independentemente de se assemelharem ou não a gerúndios verbais.

8   Gramáticos do início do século passado estão sendo considerados aqueles cujos trabalhos são anteriores à promulgação da NGB.

9   A posição de Bechara aqui trazida pode ser considerada como posição comum entre a média dos gramáticos contemporâneos.

10 O aproveitamento semântico de uma regra morfológica pode ser explicado pelo que Basílio (1987) denomina *Regra de Redundância Semântica*; conferir adiante 3.3 e 3.3.1.

11 Mais adiante, vou diferenciar ambos os casos de *educando* e *caindo*, definindo-os como assemelhados a ADJE (adjetivos essenciais) e T (advérbios de tempo), respectivamente.

12 Conferir Janete Neves (1987, p. 166) quando apresenta o particípio.

13 Conferir Câmara Júnior (1977), verbete *conjugação perifrástica*.

14 Ver adiante, ainda, casos em que gerundivos funcionam como verbos, mesmo sem estarem em conjugações perifrásticas.

15 A questão da marcação de extensão sobre um substantivo é fartamente abordada em trabalhos de filosofia de linguagem e de linguística cognitiva. Conferir Searle (1984, p. 207-230); Ulmann (1964, p. 241-90); Miller e Johnson-Laird (1976, p. 9-28).

16 Ressalta-se que não estou trabalhando, até o momento, com a hipótese de /-ndo/ poder funcionar como marca de subordinação, permitindo-se tratar dos casos apresentados em 48 e 49 como orações. Neste momento, estou apenas interessado em abordar o fato de que uma cláusula nucleada por um gerundivo pode ser apreciada como algo similar ao um advérbio de tempo.

17 Expressões como *em casa* – de forte papel semântico adverbial – não costumam ser associadas a complementos na maioria dos estudos gramaticais normativos. Uma exceção é Rocha Lima (1978), que admite existirem complementos circunstanciais para verbos de movimento. De fato, esses verbos são transitivamente dependentes de complementos de valor semântico adverbial. Por isso, considero a possibilidade de estarem ocupando a posição de Comp em A, com papel temático. Conferir a respeito Senna (1991a) e Peres (1984).

¹⁸ O traço sintático [+V] não significa, nesse caso, um indicativo de que o termo gerundivo preserve características da classe dos verbos. Ao contrário, significa, apenas, que, funcionando como Prep4, o gerundivo pode ocasionalmente apresentar um traço sintático que não é próprio desse tipo de preposição.

¹⁹ Conferir processo de subordinação em Senna (1991a, p. 102-109), no qual é descrita a Teoria da Translação, nos termos de Tesnière (1959).

²⁰ As orações introduzidas por QU-A são designadas em Senna (1991b) como orações híbridas, seja por terem comportamento sintático distinto do das orações tipicamente subordinadas ou coordenadas, seja por apresentarem a possibilidade de serem substituídas por orações equivalentes, segundo critérios puramente textuais.

²¹ Para elaborar esse quadro, utilizei por referência diversas definições ou outros tipos de juízos sobre desinência e sufixo, encontrados nas gramáticas citadas na bibliografia deste trabalho, bem como em dicionários de linguística.

²² Outro tipo de tratamento de natureza sintática é o que Tesnière (1959) propõe para as marcas de subordinação; contudo, não vou me estender em seu tratamento além do que já apresentei em 2.4. Por esse motivo, vou me deter, neste momento, apenas aos trabalhos de Chomsky citados.

²³ A primeira proposição das regras transformacionais e sua justificativa encontram-se em Chomsky (1957).

²⁴ Embora similares, os casos grifados em 71 e 72 não se confundem com o caso dos nominais gerundivos do inglês. A posição de sujeito admite, em princípio, ser preenchida por um verbo com MTA. No Capítulo 2 (conferir frase 6), já levantei esse fato e, naquela ocasião, questionei a validade desta posição estrutural para caracterizar classes de palavra. Os nominais gerundivos do inglês, diferentemente dos verbos, podem ocupar, além da posição de sujeito, a posição COMP regida pelo SV. É isto que verdadeiramente diferencia os nominais gerundivos do inglês de verbos com MTA.

²⁵ Não confundir o caso apresentado na frase 73 com o caso expresso em frases como *Olívia chegou, esquecendo-se de trazer o livro*, em que o gerundivo não está funcionando como advérbio de modo.

²⁶ Gerundivos assemelhados a ADJE não regem caso ao complemento subjetivo, porque o termo que corresponde a esse complemento é o núcleo do que contém o gerundivo. Na realidade, o complemento subjetivo do gerundivo é sempre uma categoria vazia, a qual não podemos considerar, por ora, sob pena de sermos obrigados a considerar uma sentença subordinada.

²⁷ QU-, QU-A e REL estão sendo considerados marcadores do processo de subordinação (cf. Senna, 1991a, p. 102-109). Na Teoria Gerativa, o processo de subordinação não é considerado, nos termos do funcionalismo europeu. A diferença básica é a de que, na Teoria Gerativa, uma sentença é derivada de um nódulo S e a conjunção ocupa a posição de

Comp: $\overline{S}$ → [SV → (...) Espec [$\overline{V}$ → [V $\overline{S}$ ≈ Comp → [S QU- (...)]]]]. Já no funcionalismo europeu, a sentença subordinada derivaria ou do nódulo originariamente regular na posição – $\overline{S}$ → [SV → (...) Espec [$\overline{V}$ → V [$\overline{N}$ ≈ $\overline{QU}$ → [S (...)] (...)]]] –, caracterizando-se o processo de subordinação através do desvio funcional ocasionado a S por QU-; ou então, a subordinada derivaria de um nódulo nucleado pela própria marca de subordinação – S → [SV -> (...) Espec [$\overline{V}$ → V [$\overline{QU}$ → QU- S (...) (...)]]] –, caracterizando uma estrutura subordinada em posição A, que forma um complexo sintático. Essa é a posição que vou adotar aqui. Aliás, não compreendo por que não se adota a mesma opção em Chomsky (1965), visto tratar-se do mesmo fenômeno sintático que se dá nos chamados SPreps em posição Espec.

[28] É essa categoria vazia que, vez por outra, se materializa na forma de *se* apassivador, como em *excetuando-se Maria*.

[29] Recorda-se que não estou considerando possível haver sufixos formadores de preposições em português, haja vista que esse tipo de palavras não se confunde com palavras deriváveis lexicalmente. Por isso, não considerei, anteriormente, os gerundivos que se assemelham a Prep4 como vocábulos que funcionam propriamente como termos dessas classe.

[30] Gerundivos propriamente ditos são aqueles que se interpretam como nominais gerundivos do inglês.

referências

AITCHISON, J. Words in the mind. Oxford: B. Blackwell, 1987.

ALI, M. S. Gramática histórica portuguesa. Rio de Janeiro: Melhoramentos, [S.d.]a.

_____. Gramática secundária da língua portuguesa. Rio de Janeiro: Melhoramentos, [S.d.]b.

ALTMANN, G. T. M. (Ed.). Cognitive models of speech processing: psycholinguistic and computational perspectives. Cambridge, MA: MIT Press, 1995.

ARENS, H. La linguistica: sus textos y su evolución desde la antiguedad hasta nuestros dias. Madrid: Gredos, 1969.

ARISTÓTELES. A ética. Rio de Janeiro: Codecri, [S.d.]a.

_____. Arte retórica e arte poética. Rio de Janeiro: Codecri, [S.d.]b.

_____. Da interpretação. In: _____. Órganon. Bauru: Edipro, 2005. p. 81-110.

_____. Periérmeneias. In: _____. Órganon. Lisboa: Guimarães Ed., 1985. p. 123-169.

ARONOFF, M. Word formation in generative grammar. Cambridge, MA: MIT Press, 1976.

BALLMER, T. T. Logical grammar: with special consideration of topics in context change. Amsterdam: North-Holland, 1978.

BASÍLIO, M. M. Estruturas lexicais do Português. Petrópolis: Vozes, 1980.

BASÍLIO, M. M. Teoria lexical. São Paulo: Ática, 1987.

____. Verbos em -a(r) em português: afixação ou conversão? Delta, São Paulo, v. 9, n. 2, 1993.

BASTOS, J. T. da S. Dicionário etimológico, prosódico e ortográfico da língua portuguesa. Lisboa: P. A. M. Paranhos, 1928.

BECHARA, E. Moderna gramática portuguesa. São Paulo: Nacional, 1976.

BLOOMFIELD, L. Language. New York: Ac. Press, 1922.

____. Um conjunto de postulados para a ciência da linguagem. In: DASCAL, M. (Org.). Fundamentos metodológicos da linguística. São Paulo: Global, 1978 [1926]. v. 1: Concepções gerais da Teoria Linguística. (Série Linguagem, Comunicação e Sociedade).

BOMFIM, E. Advérbios. São Paulo: Ática, 1988.

BORGES NETO, J. Adjetivos: predicados extensionais e predicados intensionais. Campinas: Ed. da Unicamp, 1991.

BOUL, M. et al. Essais de logique naturélle. Berne: Peter Lang, 1988.

BRITO, M. E. Complementação verbal: estudo dos elementos nominais básicos do verbo português. 1986. Dissertação (Mestrado em Letras) – Departamento de Letras, Pontifícia Universidade Católica do Rio de Janeiro, Rio de Janeiro, 1986.

CÂMARA JÚNIOR, J. M. Dicionário de linguística e gramática. Petrópolis: Vozes, 1977.

CARL, A. et al. Gramática latina. São Paulo: T. A. Queiroz; Edusp, 1955.

CARSTON, R. Language and cognition. In: NEWMEYER, F. J. (Ed.). Linguistics: the Cambridge survey. Cambridge, UK: CUP, 1988. v. 3: Language – psychological and biological aspects.

CHOMSKY, N. Aspectos da teoria da sintaxe. Lisboa: A. Amado, 1965.

____. Estruturas sintáticas. Lisboa: Eds. 70, 1980a [1957].

____. O conhecimento da língua: sua natureza, origem e uso. Lisboa: Caminho, 1986.

____. Reflexões sobre a linguagem. São Paulo: Cultrix, 1975.

____. Regras e representações. Rio de Janeiro: J. Zahar, 1980b.

____. Remarks on nominalization. In: JAKOBS, R. et al. (Org.). Readings in English transformational grammar. Watham: Ginn, 1970.

____. Some concepts and consequences of the theory of government and binding. Cambridge, MA: MIT Press, 1990.

COMRIE, B. Aspect: an introduction to the study of verbal aspect and related problems. Cambridge, UK: CUP, 1976.

COUTINHO, I. Gramática histórica. Rio de Janeiro: Livro Técnico, 1976.

CUNHA, C. Gramática da língua portuguesa. Rio de Janeiro: MEC; Fename, 1976.

DANCY, J. Epistemologia contemporânea. Lisboa: Eds. 70, 1985.

DESCARTES, R. O discurso do método. Rio de Janeiro: Codecri, [S.d.].

DIAS, A. E. da S. Syntaxe histórica portuguesa. Reed. Lisboa: Clássica, 1970.

DILLINGER, M. Parsing sintático. Boletim da Abralin, São Paulo, v. 13, p. 31-42, 1992.

DOSSE, F. História do estruturalismo. Campinas: Ed. da Unicamp, 1991. v. 1: O campo do signo, 1945/1966.

ENÇ, M. The syntax-semantics interface. In: NEWMEYER, F. J. (Ed.). Linguistics: the Cambridge survey. Cambridge, UK: CUP, 1988. v. 1: Linguistic theory – foundations. p. 239-259.

FAVERO, L. A. Grammatica philosophica da lingua portugueza: definições e divisões. Boletim da Abralin, São Paulo, 1993.

FERREIRA, A. B de H. Novo dicionário da língua portuguesa. São Paulo: Nova Fronteira, 1986.

FILLMORE, C. Frames and semantics of understandig. Quaderni di linguistica, Piazza dei Cavalieri, v. 6, n. 2, p. 222-254, 1985.

FODOR, J. Semantica: teorias del significado en la gramatica generativa. Madrid: Cátedra, 1977.

GLEASON JUNIOR, H. Introdução à linguística descritiva. Lisboa: F. C. Goulbenkian, 1978.

GRANGER, G. Por um conhecimento filosófico. Campinas: Papirus, 1988.

GRAYEFF, F. Exposição e interpretação da filosofia teórica de Kant. Lisboa: Eds. 70, 1975 [1951].

HABERMAS, J. Theorie des kommunikativen Handelns. Frankfurt: Suhrkamp, 1981.

HALLIDAY, M. A. K. Estrutura e função da linguagem. In: LYONS, J. et al. Novos horizontes em linguística. São Paulo: Cultrix, 1972. p. 134-160.

HALLIDAY, M. A. K.; HASAN, R. Language, context and text: a social semiotic perspective. Oxford: OUP, 1989.

HARENS, H. La linguistica: sus textos y su evolución desde la Antiguidad hasta nuestros dias. Madrid: Gredos, 1969.

HAWKINS, J. A. Explaining language universals. Oxford: B. Backwell, 1990.

HIRTLE, W. H. Linguistics and the dimensions of language. Lingua, v. 67, p. 65-83, 1985.

HOPER, P.; THOMPSON, S. The discourse basis for lexical categories in universal grammars. Language, v. 60, n. 4, p. 703-752, 1984.

HOUAISS, A. Dicionário enciclopédico da língua portuguesa. Rio de Janeiro: Delta, 1992.

HUBER, J. Gramática do português antigo. Lisboa: F. C. Goulbenkian, 1933.

ILARI, R. Perspectiva funcional da frase portuguesa. In: ILARI, R. (Org.). Gramática do português falado. Campinas: Ed. da Unicamp, 1992. v. 2: Níveis de análise linguística.

JACKENDOFF, R. Morphological and semantic regularities in the lexicon. Language, v. 51, n. 3, p. 639-71, 1975.

_____. Semantics and cognition. Cambridge, MA: MIT Press, 1985.

_____. The base rules for prepositional phrases. In: ANDERSON, S. R. et al. (Org.). A festschrift for Morris Halle. New York: HR & Simpson, 1973.

_____. X' syntax: a study of phrase structure. Cambridge, MA: MIT Press, 1977.

KANT, E. Crítica da razão prática. Rio de Janeiro: Codecri, 1983 [1788].

_____. Crítica da razão pura. Rio de Janeiro: Codecri, [S.d.] [1781].

KATZ, J. (Org.). The philosophy of linguistics. Cambridge, MA: MIT Press, 1985.

KATZ, J.; POSTAL, P. An integrated theory of linguistic descriptions. Cambridge, MA: MIT Press, 1964.

LABOV, W. Padrões sociolinguísticos. São Paulo: Parábola, 2008 [1972].

LALANDE, A. Vocabulário técnico e crítico da filosofia. São Paulo: M. Fontes, 1993 [1926].

LOBATO, M. L. Adjetivos: tipologia e interpretação semântica. Boletim da Abralin, São Paulo, 1993.

_____. O princípio das categorias vazias: evolução e tendências. Delta, São Paulo, v. 4, n. 2, p. 225-264, 1988a.

_____. Sintaxe gerativa do português: da teoria padrão à teoria da regência e ligação. Belo Horizonte: Vigília, 1986.

_____. Sobre a regra de anteposição do verbo no português do Brasil. Delta, São Paulo, v. 4, n. 1, p. 121-148, 1988b.

LUFT, C. Nova gramática brasileira. Porto Alegre: Globo, 1979.

LYONS, J. Semantics. Cambridge, UK: CUP, 1977.

LYONS, J. (Ed.). Novos horizontes em linguística. São Paulo: Cultrix, 1972.

MACAMBIRA, J. A estrutura morfossintática do português. São Paulo: Mestre Jou, 1982.

MCCLOSKEY, J. Syntactic theory. In: NEWMEYER, F. J. (Ed.). Linguistics: the Cambridge survey. Cambridge, UK: CUP, 1988. v. 1: Linguistic theory – foundations. p. 18-59.

MILLER, G.; JOHNSON-LAIRD, P. Language and perception. Cambridge, MA: Belknap, 1976.

MIRA-MATEUS, M. H. et al. Gramática da língua portuguesa. Coimbra: Almedina, 1983.

MORENO, A. R. Wittgenstein através das imagens. Campinas: Ed. da Unicamp, 1993.

MORENO, M. et al. Conhecimento e mudança: os modelos organizacionais na construção do conhecimento. São Paulo: Moderna, 2000.

MORENTE, G. Fundamentos de filosofia. São Paulo: Mestre Jou, 1962.

NARO, A.; VOTRE, S. Mecanismos funcionais do uso da língua: função e forma. Delta, São Paulo, v. 8, n. 2, 1992.

NASCENTES, A. Dicionário etimológico da língua portuguesa. Rio de Janeiro: Francisco Alves, 1932.

NEVES, J. Sequências verbais em português: o gerúndio em locução. 1987. Dissertação (Mestrado em Letras) – Departamento de Letras, Pontifícia Universidade Católica do Rio de Janeiro, Rio de Janeiro, 1987.

NEVES, M. H. M. A contribuição de Apolônio Díscolo. Boletim da Abralin, São Paulo, 1993.

_____. A vertente grega da gramática tradicional. São Paulo: Hucitec; Brasília: Ed. da UnB, 1987.

NEWMEYER, F. J. (Ed.). Linguistics: the Cambridge survey. Cambridge, UK: CUP, 1988. v. 1: Linguistic theory – foundations. v. 2: Linguistic theory – extensions and implications. v. 3: Language – Psychological and biological aspects.

OITICICA, J. Manual de análise. Rio de Janeiro: Melhoramentos, 1942.

ORLANDI, E. P. Funcionamento do discurso. In: _____. A linguagem e seu funcionamento. Campinas: Pontes, 1987.

OWENS, J. A note on constraint syntactic features. Word, v. 35, p. 1-14, 1984.

PASSOS, C.; PASSOS, M. E. Princípios de uma gramática modular. São Paulo: Contexto, 1990.

PAVEL, T. A miragem linguística: ensaio sobre a modernização intelectual. Campinas: Pontes, 1988.

PERES, J. Elementos para uma gramática nova. Coimbra: Almedina, 1984.

PERINI, M. Para uma nova gramática da língua portuguesa. São Paulo: Ática, 1985.

PIMENTA-BUENO, M. Aspects of verbal syntax in Brazilian portuguese within the framework of extended standard theory of grammar. 1983. (Dissertation) – Standford University, Standford California, 1983.

PLATÃO. Apologia de Sócrates. Rio de Janeiro: Codecri, [S.d.]a.

_____. Diálogos III: a república. Rio de Janeiro: Codecri, [S.d.]b.

PONTES, E. O tópico no português do Brasil. Campinas: Pontes, 1987.

_____. Verbos auxiliares em português. Petrópolis: Vozes, 1973.

RAPOSO, E. Teoria da gramática: a faculdade da linguagem. Lisboa: Caminho, 1992.

ROBINS, R. Pequena história da linguística. Rio de Janeiro: Livro Técnico, 1967.

ROCHA LIMA, C. H. Gramática normativa da língua portuguesa. Rio de Janeiro: J. Olympio, 1978.

ROEPER, T.; WILLIAMS, E. (Ed.). Parameter setting. Dordrecht: D. Reidel, 1987.

ROSCH, E.; LLOYD, B. B. Cognition and categorization. Hillsdale: L. Erlbaum, 1978.

ROSSI, P. A ciência e a filosofia dos modernos. São Paulo: Ed. da Unesp, 1992.

SANDMANN, A. J. Formação de palavras no português brasileiro contemporâneo. Curitiba: Ícone, 1989.

SAPIR, E. A linguagem. São Paulo: Perspectiva, 1921.

SAUSSURE, F. Curso de linguística geral. 2. ed. São Paulo: Cultrix, 1970 [1926].

SEARLE, J. R. Os atos de fala: um ensaio de filosofia da linguagem. Coimbra: Almedina, 1984.

SECHEHAYE, A. Essay sur la structure logique de phrase. Paris: Champion, 1950.

SELLS, P. (Ed.). Lectures on contemporary syntatic theories. Stanford: CSLI, 1985.

SENNA, L. A. G. A natureza funcional do morfema -ndo em língua portuguesa. 1994. Tese (Doutorado em Letras) – Pontifícia Universidade Católica do Rio de Janeiro, Rio de Janeiro, 1994a.

_____. A questão epistemológica das classes de palavras. In: CONGRESSO INTERNACIONAL DA ABRALIN, 1., 1996, Salvador. Anais... Salvador: Ed. da UFBA, 1996. p. 397-406.

_____. Modelos mentais na linguística pré-chomskyana. Delta, São Paulo, v. 10, n. 2, p. 339-372, 1994b.

_____. Pequeno manual de linguística geral e aplicada. Rio de Janeiro: Independentes, 1991a.

_____. Psicogênese da língua escrita, universais linguísticos e teorias de alfabetização. Alfa: Revista de Linguística, São Paulo, v. 39, p. 221-242, 1995.

_____. Questões de transitividade. Delta, São Paulo, v. 7, n. 2, p. 463-490, 1991b.

_____. Sintaxe-semântica: os determinantes portugueses. 1984. Dissertação (Mestrado em Letras) – Departamento de Letras, Pontifícia Universidade Católica do Rio de Janeiro, Rio de Janeiro, 1984.

SERBAT, G. Casos y funciones. Madrid: Gredos, 1981.

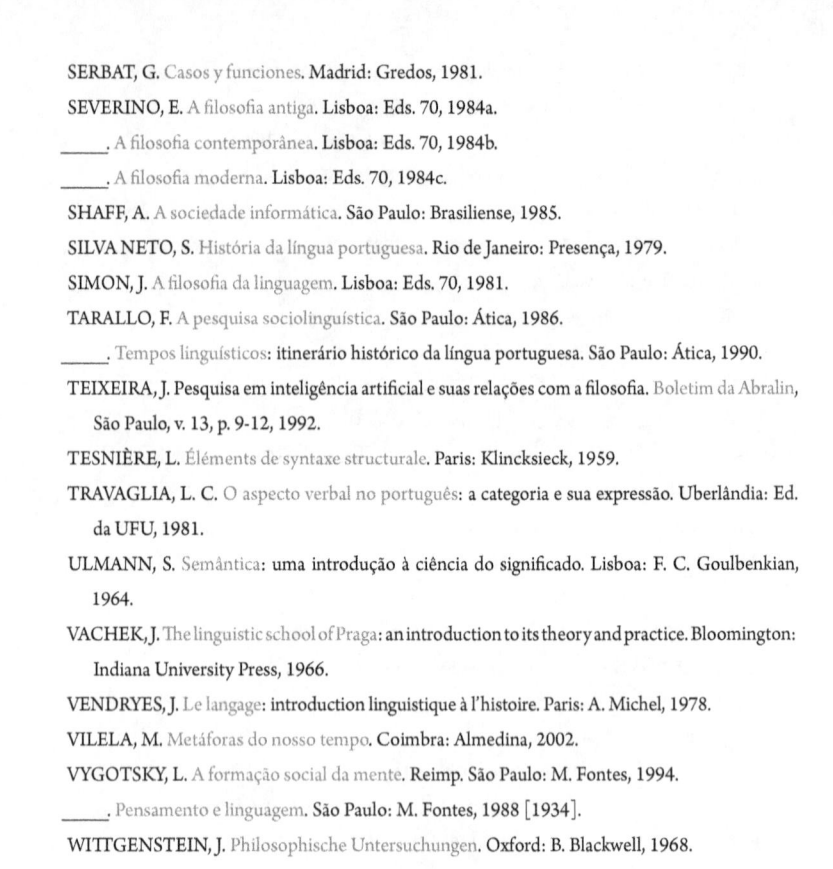

SEVERINO, E. A filosofia antiga. Lisboa: Eds. 70, 1984a.

_____. A filosofia contemporânea. Lisboa: Eds. 70, 1984b.

_____. A filosofia moderna. Lisboa: Eds. 70, 1984c.

SHAFF, A. A sociedade informática. São Paulo: Brasiliense, 1985.

SILVA NETO, S. História da língua portuguesa. Rio de Janeiro: Presença, 1979.

SIMON, J. A filosofia da linguagem. Lisboa: Eds. 70, 1981.

TARALLO, F. A pesquisa sociolinguística. São Paulo: Ática, 1986.

_____. Tempos linguísticos: itinerário histórico da língua portuguesa. São Paulo: Ática, 1990.

TEIXEIRA, J. Pesquisa em inteligência artificial e suas relações com a filosofia. Boletim da Abralin, São Paulo, v. 13, p. 9-12, 1992.

TESNIÈRE, L. Éléments de syntaxe structurale. Paris: Klincksieck, 1959.

TRAVAGLIA, L. C. O aspecto verbal no português: a categoria e sua expressão. Uberlândia: Ed. da UFU, 1981.

ULMANN, S. Semântica: uma introdução à ciência do significado. Lisboa: F. C. Goulbenkian, 1964.

VACHEK, J. The linguistic school of Praga: an introduction to its theory and practice. Bloomington: Indiana University Press, 1966.

VENDRYES, J. Le langage: introduction linguistique à l'histoire. Paris: A. Michel, 1978.

VILELA, M. Metáforas do nosso tempo. Coimbra: Almedina, 2002.

VYGOTSKY, L. A formação social da mente. Reimp. São Paulo: M. Fontes, 1994.

_____. Pensamento e linguagem. São Paulo: M. Fontes, 1988 [1934].

WITTGENSTEIN, J. Philosophische Untersuchungen. Oxford: B. Blackwell, 1968.

ín.di.ce re.mis.si.vo

/-agem/, 33, 73, 79, 97, 98, 100, 117
/-ando/, 44, 45, 46, 47
/-bunda/, 44
/-bundo/, 43, 44, 45, 46, 123
/-ção/, 33, 73, 97, 100
/-do/, 67, 68
/-eiro/, 74
/-endo/, 45, 46
/-ivo/, 99, 100, 101, 102, 103, 106, 117
/-mente/, 92, 100
/-mento/, 33, 73, 79, 97, 100
/-nda/, 41, 123, 125
/-ndo/, 29, 30, 31, 32, 34, 35, 36, 38, 40, 41, 42, 43, 44, 46, 47, 48, 49, 50, 51, 52, 53, 54, 56, 65, 66, 67, 68, 69, 70, 72, 73, 74, 75, 76, 79, 80, 83, 91, 92, 96, 110, 111, 113, 114, 115, 117, 119, 122, 123, 128, 129, 130, 131, 132, 138, 139, 143, 146, 147, 148, 149, 150, 151, 152, 154
/-ndus/, 34, 41
/-ondo/, 46, 123
/-r/, 67, 68
[+A], 20, 21, 63, 107, 108, 109
[+ agente], 101

[+ instrumento], 101, 102, 103, 104, 106, 107, 108, 109
[+N], 21, 74, 83, 84, 85, 86, 108, 109, 133, 134
[+ objetivo], 101, 102, 109, 110, 111, 114, 120, 144, 145
[+P], 21, 63
[+ recurso gramatical], 133
[+V], 21, 55, 58, 59, 60, 62, 63, 74, 82, 83, 85, 133, 134, 155

a

ablativo, ver *caso gramatical*
abstrato • nome ~, 33
acusativo, ver *caso gramatical*
ADEF, ver *artigo definido*
adequação discursiva, 14
adequação externa • condição de ~, 28, 29
adequação interna • condição de ~, 28, 29, 30
adequação precária das classes de palavras, 27
ADJE, ver *adjetivo essencial*
adjetivo(s), 21, 23, 30, 33, 42, 43, 44, 45, 46, 47, 49, 51, 54, 55, 57, 58, 59, 60, 61, 62, 64, 68, 69, 87, 88, 89, 92, 96, 99, 101, 102, 103, 107, 108, 110, 112, 117, 123, 124, 134, 144, 149, 154
adjetivo essencial • ADJE, 21, 39, 58, 59, 60, 90, 96, 99, 100, 102, 103, 104, 107, 110, 117, 124, 133, 136, 137, 144, 154, 155
adjetivo qualitativo • ADJQ, 21, 39, 136, 137
ADJQ, ver *adjetivo qualitativo*
advérbio, 22, 23, 42, 54, 57, 60, 64, 65, 87, 93, 94, 97, 144, 154, 155
- advérbio de intensidade • Intens, 22, 39, 59, 136, 137
- advérbio de lugar • E, 22, 39, 40, 54, 133, 136, 137
- advérbio de modo • MODO, 22, 39, 57, 87, 88, 90, 92, 93, 94, 95, 97, 110, 134, 136, 137, 149, 155
- advérbio de negação • NEG, 22, 39, 50, 51, 52, 54, 136, 137
- advérbio de tempo • T, 23, 39, 40, 51, 60, 61, 62, 80, 90, 97, 107, 110, 112, 133, 134, 136, 137, 144, 149, 154
- advérbio modalizante • MODAL, 22, 39, 54, 136, 137

afixo, 30
AIND, ver *artigo indefinido*
Antiguidade • dos estudos linguísticos, 14, 27
aprendizibilidade • condição de ~, 14, 29, 153
artigo definido • ADEF, 21, 39, 54, 133, 136, 137
artigo indefinido • AIND, 21, 39, 54, 133, 136, 137

aspectos semântico-nocionais, 144
aspecto verbal:
- aspecto cursivo, 32, 113
- morfema aclítico indicativo de ~, 49

b

bases presas, 68

c

cadeia de uma série de sistemas, 17
caso gramatical, 21, 22, 32, 153
- ablativo • ABL, 21, 32, 34, 41, 42, 44, 154
- acusativo • ACU, 21, 32, 101, 130
- dativo • DAT, 22, 32
- nominativo • NOM, 22, 101, 130
- supino, 42
- termos que regem caso, 58

categoria vazia, 20, 90, 155, 156
categoria-barra, 23, 153
categorias lógicas do pensamento, ver *cognição humana*
causalidade, 19
classe(s) de palavras, 17, 18, 26, 27, 28, 29, 30, 31, 38, 39, 40, 42, 43, 53, 54, 55, 57, 58, 64, 67, 68, 72, 73, 81, 82, 86, 88, 90, 92, 96, 98, 105, 106, 107, 109, 115, 117, 119, 130, 131, 132, 133, 135, 136, 137, 138, 139, 142, 143, 146, 147, 149, 150, 151, 152
- adjetivo essencial • ADJE, 21, 39, 43, 45, 57, 58, 59, 60, 61, 64, 89, 90, 96, 99, 100, 102, 103, 104, 107, 108, 110, 112, 117, 124, 133, 136, 137, 144, 154, 155
- adjetivo qualitativo • ADJQ, 21, 39, 54, 59, 136, 137
- advérbio de intensidade • Intens, 22, 39, 59, 136, 137
- advérbio de lugar • E, 22, 39, 40, 54, 133, 136, 137
- advérbio de modo • MODO, 22, 39, 57, 87, 88, 90, 92, 93, 94, 95, 97, 110, 134, 136, 137, 149, 155
- advérbio de negação • NEG, 22, 39, 50, 51, 52, 54, 136, 137
- advérbio de tempo • T, 23, 39, 40, 51, 60, 61, 62, 80, 90, 97, 107, 110, 112, 133, 134, 136, 137, 144, 149, 154
- advérbio modalizante • MODAL, 22, 39, 54, 136, 137
- artigo definido • ADEF, 21, 39, 54, 133, 136, 137
- artigo indefinido • AIND, 21, 39, 54, 133, 136, 137

Classe(s) de palavras (continuação)

- coesivo • COES, 22, 39, 40, 62, 69, 89, 90, 111, 113, 128, 133, 135, 136, 137, 149
- conjunções adverbiais • QU-A, 22, 40, 63, 64, 65, 66, 67, 70, 90, 111, 128, 135, 136, 137, 145, 149, 155
- conjunções coordenativas • +, 21, 40, 54, 136, 137
- conjunções integrantes • QU-, 22, 40, 63, 64, 66, 67, 90, 128, 136, 137, 149, 155, 156
- deflector • DEFL, 22, 39, 54, 136, 137
- delimitadores • DEL, 22, 39, 54, 55, 136, 137
- demonstrativo • DEM, 22, 39, 54, 107, 133, 136, 137
- intensificador ver *Intens*
- numeral • NUM, 22, 39, 54, 136, 137
- ordinal • ORD, 22, 39, 57, 87, 96, 136, 137
- preposição(ões), 63, 66, 68, 90, 110, 130, 131, 152, 155, 156
- preposições 1 • Prep1, 40, 54, 69, 137
- preposições 2 • Prep2, 40, 54, 69, 98, 130, 137
- preposições 3 • Prep3, 40, 54, 69, 98, 101, 137
- preposições 4 • Prep4, 40, 63, 90, 91, 110, 113, 135, 137, 149, 155, 156
- pronome, 39, 40, 63, 136
- pronome deflector • DEFL, 22, 39, 54, 136, 137
- pronome demonstrativo • DEM, 22, 39, 54, 133, 136, 137
- pronome híbrido • PROH, 22, 39, 54, 136, 137
- pronome interrogativo • PROI, 22, 39, 54, 133, 136, 137
- pronome pessoal • PROP, 22, 39, 54, 136, 137
- pronome possessivo • POSS, 22, 39, 54, 136, 137
- pronome relativo • REL, 22, 39, 63, 64, 66, 67, 90, 130, 136, 137, 149, 155
- pronome de tratamento • PROT, 22, 39, 54, 136, 137
- quantificador • QUANT, 22, 39, 54, 136, 137
- substantivas, 63, 76, 118
- substantivo (s), 22, 23, 30, 42, 45, 46, 51, 52, 54, 55, 58, 64, 65, 66, 68, 69, 73, 79, 80, 81, 84, 86, 87, 88, 89, 96, 97, 98, 101, 103, 105, 110, 111, 115, 117, 124, 134, 144, 145, 149, 154
- substantivo(s) comum(ns), 55, 86, 87, 96, 97, 105, 111, 115, 124, 134, 144, 149
- substantivo próprio • NPr, 22, 39, 54, 136, 137
- transitoriedade, 42, 43, 47

COES, ver *coesivos*
coesivo(s) • COES, 22, 39, 40, 62, 69, 89, 90, 111, 113, 128, 133, 135, 136, 137, 149
cognição humana, 16

Comp, 21, 23, 39, 40, 111, 114, 120, 121, 130, 131, 132, 134, 136, 152, 154, 156

complemento verbal:
- objeto direto, 33
- predicativo(s), 33, 34, 60

complexidade • teoria da ~, 16

complexização, mecanismos de ~, 18

componente categorial, 77, 78

conceito de padrão, 14, 15

conceito de sistema, 15, 16

concepção realista • de gramática, 29

condição de aprendizibilidade, 29, 153

condição de generalidade na classe, 86, 87, 89, 90, 92, 95, 150

condição de reciprocidade, 23, 87, 89, 96, 150

condição de redundância semântica, 86, 87, 89, 90, 150

condicional, 65, 145

conjugação, 42, 45, 49, 52, 53, 143, 154

conjugações perifrásticas, 49, 51, 52, 53, 56, 69, 70, 154

conjunção, 21, 22, 54, 64, 66, 155

conjunções adverbiais • QU-A, 22, 40, 63, 64, 65, 66, 67, 70, 90, 111, 128, 135, 136, 137, 145, 149, 155

conjunções coordenativas • +, 21, 40, 54, 136, 137

conjunções integrantes • QU-, 22, 40, 63, 64, 66, 67, 90, 128, 136, 137, 149, 155, 156

construtivismo, 16

contexto derivado, 16

criatividade do falante, 16, 116

critérios classificatórios (~ *de classificação*), 106, 132

d

dativo, ver *caso gramatical*

DEFL, ver *deflector*

Deflector • classe de palavras, 22, 39, 54, 136, 137

DEL, ver *delimitador*

delimitador • classe de palavras, 22, 39, 54, 55, 136, 137

DEM, ver *demonstrativo*

demonstrativo • classe de palavras, 22, 39, 54, 107, 133, 136, 137

depoente, voz ~, 32

derivação • processo de ~, 54, 77, 78, 86, 100, 117, 125, 127

derivado• contexto gramatical ~, 16

derivado(s) • nome ~, 20, 44, 47, 70, 77, 78, 79, 84, 85, 86, 87, 90, 91, 95, 96, 97, 98, 99, 100, 101, 102, 103, 105, 106, 107, 110, 111, 113, 115, 122, 123, 130, 143, 149, 152

descrição gramatical• rotina de ~, 27

descrição sintática, 26, 27, 28, 30, 38, 39, 75, 94, 133, 134, 146

desinência(s), 20, 31, 33, 34, 35, 40, 41, 42, 43, 44, 45, 46, 47, 48, 49, 51, 52, 53, 57, 65, 67, 70, 73, 74, 79, 80, 81, 82, 83, 84, 85, 91, 107, 113, 115, 128, 129, 131, 138, 139, 147, 148, 149, 150, 152, 155

desinência verbal, 35, 41, 48, 49, 53, 73, 91, 113, 115, 147, 148

determinante(s), 22, 65, 69

discursividade, 14

discurso, 14, 15, 18

doutrina gerativista, 14

e

E, ver *advérbio de lugar*

entradas neutras • teoria da ~, 94

entradas neutras, 85, 93, 94, 150

entradas plenas, 93, 94, 95

escrita, 14

espaço(s), 20, 31, 135

Espec, 21, 39, 40, 59, 66, 95, 102, 103, 104, 106, 107, 108, 109, 111, 114, 120, 121, 134, 136, 156

especificadores, 55, 60

estrutura(s), 23, 27, 34, 46, 61, 62, 64, 76, 77, 80, 81, 117, 118, 119, 120, 128, 143, 150, 156

estrutura profunda, 76, 77, 118

estrutura superficial, 76

Estruturalismo, 14, 17

explanatórias • modelos teóricos com pretensões ~, 15

expressões idiomáticas, 89

f

fala • natureza essencial dos sistemas falados, 15

fala(s), 14, 15, 16, 17, 50

falante(s), 14, 15, 16, 17, 18, 28, 29, 36, 45, 74, 116, 117, 118, 119, 120, 121, 124, 125, 127, 135, 143, 144, 151, 152, 153

falante, criatividade do ~, 16, 116
falante-ouvinte ideal, 14
flexão verbal, 32, 33, 48
forma nominal do verbo, 42, 48
formas livres • morfemas como ~, 122
formas nominais • do verbo, 31, 41, 48, 50
funções sintáticas, 32, 36, 52, 150
futuro do indicativo analítico, 49

g

generalidade • princípio da ~, 28, 29
generalidade na classe • condição de ~, 86, 87, 89, 90, 92, 95, 150
gênero, 33, 35, 39, 40, 43, 44, 47, 51, 68, 74, 85, 107, 134, 136
geração • princípio da ~, 16
gerativista, doutrina ~, 14
gerúndio(s), 31, 32, 33, 34, 35, 36, 41, 42, 43, 44, 45, 46, 47, 48, 49, 50, 51, 52, 53, 66, 74, 79, 80, 81, 82, 122, 124, 147, 149, 153, 154
gerúndio(s) latino(s), 32, 33, 34, 35, 44, 122, 149, 153
gerundivo(s) (~ palavras gerundivas), 30, 31, 32, 33, 34, 35, 36, 39, 40, 41, 43, 44, 45, 46, 47, 48, 51, 53, 54, 55, 56, 57, 58, 59, 60, 61, 62, 63, 64, 65, 67, 68, 69, 70, 72, 74, 75, 76, 78, 79, 80, 81, 82, 84, 85, 86, 87, 88, 89, 90, 91, 92, 93, 94, 95, 96, 97, 99, 100, 104, 105, 106, 109, 110, 111, 112, 113, 114, 115, 119, 120, 122, 123, 124, 125, 126, 127, 128, 129, 130, 131, 132, 133, 134, 135, 138, 139, 142, 143, 144, 145, 146, 147, 148, 149, 150, 151, 152, 153, 154, 155, 156
gerundivo latino(s), 32, 33, 34, 35, 36, 41, 43, 44, 45, 122, 149
gramática:
  • concepção realista de ~, 29
  • meramente descritivistas, 15
  • modelo *standard*, 76, 80, 81, 82, 84, 85, 94, 116, 150
  • modelos teóricos com pretensões explanatórias, 15
  • normativa(s), 43
  • teoria da ~, 14, 15, 16, 17, 30, 31, 86, 115, 138, 146
  • transformacionalista, 76, 78, 80, 81, 153
grau, 39, 40, 74, 108, 109, 111, 114, 118, 120, 134, 136

h

hierarquia • critérios classificatórios, 106, 132

hierarquia pré-contextual • de traços, 61, 132,

hierarquização, 39, 152

hierarquização • de traços classificatórios, 29, 39

hierarquização operacional • de traços, 39

hipótese lexicalista, 76, 80, 81, 83, 84, 85, 86, 87, 89, 90, 91, 92, 93, 96, 150

hipótese transformacionalista, 76, 78

i

identidade, 143

imperativo, 56

indicativo, 19, 49, 56, 155

índice de voz passiva, 63

infinitivo, 32, 34, 41, 42, 43, 48, 50, 51, 59, 68, 154

intencionalidade, 18

intenções comunicativas, 29

Intens, ver *advérbio de intensidade*

intensificadores, 59, 89, 149

interpretabilidade, 117

interrogativo • pronome ~, 22, 39, 54, 133, 136, 137

intuição do falante, 14

isomorfia, 29

l

latim clássico, 31, 33, 34, 35, 36

léxico, 17, 18, 30, 31, 73, 75, 76, 77, 78, 79, 80, 81, 82, 83, 84, 86, 87, 88, 91, 92, 93, 94, 95, 96, 98, 110, 111, 113, 115, 116, 117, 118, 119, 121, 127, 146, 150, 151
- produtividade lexical, 116
- propriedade subordinativa, 65, 129
- seleção de palavras, 76

língua oral, 14, 15

linguística moderna, 13, 17

locução verbal, 49

m

marcas de subordinação, 64, 67, 68, 69, 80, 128, 129, 155
matrizes de traços classificatórios, 39
mecanismos de complexização, 18
mente humana, 13, 20
MODAL, ver *advérbio modalizante*
modelo de oralidade, 14
modelo *standard*, 76, 80, 81, 82, 84, 85, 94, 116, 150
modelos sobre o funcionamento da mente, 13
modelos teóricos com pretensões explanatórias, 15
MODO, ver *advérbio de modo*
morfema aclítico indicativo de tempo, modo e aspecto, 49
morfemas • formas livres, 122
morfologia, 17, 20, 22, 23, 30, 31, 101

n

N, ver *substantivo comum*
NGB, ver *nomenclatura gramatical brasileira*
natureza essencial dos sistemas falados, 15
natureza substantiva, 64
NEG, ver *advérbio de negação*
Nomenclatura Gramatical Brasileira, 43
nominais, 31, 41, 42, 48, 50, 78, 79, 80, 81, 82, 88, 104, 105, 106, 130, 131, 150, 155, 156
nominalização, 78, 86, 97
nominativo, ver *caso gramatical*
normativa, gramática(s) ~, 43
NPr, ver *substantivo próprio*
NUM, ver *numeral*
numeral • NUM, 22, 39, 54, 136, 137
número, 33, 35, 39, 40, 43, 44, 47, 51, 68, 73, 74, 85, 107, 134, 136

o

objeto direto, 33
objetos, 51
opacidade • processo derivacional, 117, 118
operação • predicativa, 85, 95
operação • predicadora, 89

operador, 49
orações, 42, 63, 64, 67, 68, 145, 154, 155
- coordenadas, 63,
- reduzidas circunstanciais, 42
- subordinadas adjetivas, 63
- subordinadas adverbiais condicional e causal, 145
- subordinada adverbial, 64, 66,
- subordinada substantiva, 64, 66
- reduzidas de gerúndio, 66
- híbridas, 155

oralidade • modelo de ~, 14
oralidade *(língua oral)*, 14, 15
ORD, ver *numeral* e *ordinal*
ordinal • classe de palavras, 22, 57, 87, 96

P

padrão • conceito de ~, 14, 15
padrão linguístico, 14
padrão sintático, 77, 108, 119, 124
paradigmas flexionais, 74
partes do discurso, 18
particípio(s), 33, 41, 42, 43, 44, 45, 46, 48, 50, 51, 62, 63, 154
particípio presente, 33
passado • *tempo verbal*, 145
pensamento, 13, 77
- categorias lógicas, ver *cognição humana*
- engenharia do ~, 13

POSS, ver *pronome possessivo*
possessivos, ver *pronome possessivo*
pragmática, 17
predicadora • operação, 89
predicado, 89
predicador(es), 18, 87, 88, 144
predicação ver predicador
predicando, ver *predicação*
predicativo(s), 33, 34, 60

Prep1, ver *preposição 1*
Prep2, ver *preposição 2*
Prep3, ver *preposição 3*
Prep4, ver *preposição 4*
preposição(ões), 63, 66, 68, 69, 90, 110, 130, 131, 152, 155, 156
preposições 1 • Prep1, 40, 54, 69, 136, 137
preposições 2 • Prep2, 40, 54, 69, 98, 130, 136, 137
preposições 3 • Prep3, 40, 54, 69, 98, 101, 136, 137
preposições 4 • Prep4, 40, 63, 90, 91, 110, 113, 135, 136, 137, 149, 155, 156
presente do indicativo, 56
presente do subjuntivo, 56
presente perfeito, 49
princípio da geração, 16
processo de derivação, 54, 78, 86
processo de subordinação, 63, 64, 67, 155, 156
processo derivacional, 58, 91, 92, 117, 118
- bases presas, 68
- opacidade, 117, 118
- redundância lexical, 22, 78, 94, 95
- regra(s) de análise estrutural • RAE(s), 22, 36, 93, 116, 118, 119, 120, 121, 124, 125, 126, 127, 128, 130, 131, 148, 151
- regra(s) de formação de palavras • RFP(s), 22, 93, 118, 119, 120, 121, 128, 130, 131
- regra(s) de redundância lexical • RRL(s), 22, 94, 95
- regra(s) de redundância morfológica • RRM(s), 97, 98, 99, 100, 101, 102, 104, 106, 108, 111, 117, 118, 119, 120, 121, 150, 151
- regra(s) de redundância semântica • RRS(s), 97, 98, 99, 100, 101, 102, 104, 106, 113, 114, 117, 118, 119, 120, 121, 150, 151, 154
- regras interpretativas, 97, 151
- regras morfológicas improdutivas, 116
- regras morfológicas produtivas, 116
- regras morfológicas, 97, 100, 116, 117, 118, 124
- transparência, 117
- truncamento, 96
produtividade lexical, 116
PROH, ver *pronome híbrido*
PROI, ver *pronome interrogativo*

pronome, 39, 40, 63, 136
pronome delimitador • DEL, 22, 39, 54, 136, 137
pronome híbrido • PROH, 22, 39, 54, 136, 137
pronome interrogativo • PROI, 22, 39, 54, 133, 136, 137
pronome pessoal • PROP, 22, 39, 54, 136, 137
pronome possessivo • POSS, 22, 39, 54, 136, 137
pronome relativo • REL, 22, 39, 63, 64, 66, 67, 90, 130, 136, 137, 149, 155
pronome de tratamento • PROT, 22, 39, 54, 136, 137
PROP, ver *pronome pessoal*
propriedade subordinativa, 65, 129
PROT, ver *pronome de tratamento*
psicologia comportamental, 14

q

QU-, ver *conjunções integrantes*
QU-A, ver *conjunções adverbiais*
QUANT, ver *quantificador*
quantificador • QUANT, 22, 39, 54, 136, 137
quantificadores, 134, 149

r

RAE, ver *regra de análise estrutural*
reciprocidade • condição de ~, 23, 87, 89, 96, 150
redundância *morfológica*, 97, 98, 113
redundância(s) lexical(is), 22, 77, 78, 94, 95
redundância semântica • condição de ~, 86, 87, 89, 90, 94, 95, 97, 130, 150, 154
regra(s) de análise estrutural • RAE(s), 22, 36, 93, 116, 118, 119, 120, 121, 124, 125, 126, 127, 128, 130, 131, 148, 151
regra(s) de formação de palavra(s) • RFP(s), 22, 93, 118, 119, 120, 121, 128, 130, 131, 151
regra(s) de redundância lexical • RRL(s), 22, 94, 95
regra(s) de redundância morfológica • RRM(s), 97, 98, 99, 100, 101, 102, 104, 106, 108, 111, 117, 118, 119, 120, 121, 150, 151
regra(s) de redundância semântica • RRS(s), 97, 98, 99, 100, 101, 102, 104, 106, 113, 114, 117, 118, 119, 120, 121, 150, 151
regras de seleção livres de contexto, 82
regras de subcategorização, 78, 82, 84, 94, 95
regras externas • nos sistemas linguísticos, 15

regras internas • nos sistemas linguísticos, 15
regras interpretativas, 97, 151
regras morfológicas improdutivas, 116
regras morfológicas produtivas, 116
regra(s) morfológica(s), 97, 100, 107, 116, 117, 118, 124, 154
regras transformacionais, 76, 77, 78, 80, 82, 150, 155
REL, ver *pronome relativo*
representação mental da gramatica tradicional, 14
representação mental dos sistemas gramaticais, 16
representação mental, 14, 16, 183
RFP, ver *regras de formação de palavras*
rotina de descrição sintática, 28
rótulos, 27
RRL, ver *regra de redundância lexical*
RRM, ver *regra de redundância morfológica*
RRS, ver *regra de redundância semântica*

S

seleção de palavras, 76
semântica(s), 17, 18, 19, 26, 32, 33, 34, 39, 44, 45, 46, 51, 53, 55, 57, 58, 59, 61, 63, 64, 76, 84, 86, 87, 88, 89, 90, 93, 94, 95, 97, 98, 99, 100, 101, 102, 103, 105, 107, 108, 110, 114, 117, 118, 119, 120, 124, 125, 126, 130, 143, 144, 150, 151, 154
sentença(s), 20, 21, 23, 27, 29, 32, 36, 42, 47, 51, 52, 53, 54, 56, 57, 64, 65, 66, 76, 77, 80, 83, 84, 111, 116, 118, 128, 130, 131, 132, 144, 145, 152, 155, 156
- estrutura profunda da ~, 76, 77, 118
- estrutura superficial da ~, 76

sequências terminais, 76
sincrônicas, 15, 17
sinônimo, 97
sintaxe, 17, 30, 68, 75, 83, 84, 116
- funções sintáticas, 32, 36, 52, 150
- modelo *standard*, 76, 80, 81, 82, 84, 85, 94, 116, 150
- regras de seleção livres de contexto, 82
- regras de subcategorização, 78, 82, 84, 94, 95
- regras externas • nos sistemas linguísticos, 15
- regras internas • nos sistemas linguísticos, 15
- regras transformacionais, 76, 77, 78, 80, 82, 150, 155

Sintaxe (continuação)

- rotina de descrição sintática, 28
- seleção de palavras, 76
- sequências terminais, 76
- sujeito(s), 18, 20, 29, 32, 33, 41, 42, 47, 61, 66, 74, 80, 90, 100, 107, 116, 145, 155
- sujeitos factuais, 80
- sujeito indeterminado, 90
- Teoria $\overline{X}$, 27, 76, 81, 82, 153
- transformação, 68, 76, 79, 92, 123

sistema(s):

- aberto, 16
- como uma unidade em si mesma, 15
- complexo(s), 16, 17, 18
- conceito de ~, 15, 16
- concepção processual e temporalmente determinada de ~, 16
- fechado e linear, 16
- em cadeia, 17

sociolinguística quantitativa, 15

subordinação :

- marcas de ~, 64, 67, 68, 69, 80, 128, 129, 155
- processo de ~, 63, 64, 67, 155, 156
- propriedade subordinativa, 65, 129

substantivo(s), 22, 23, 30, 42, 45, 46, 51, 52, 54, 55, 58, 64, 65, 66, 68, 69, 73, 79, 80, 81, 84, 86, 87, 88, 89, 96, 97, 98, 101, 103, 105, 110, 111, 115, 117, 124, 134, 144, 145, 149, 154

substantivo(s) comum(ns), 55, 86, 87, 96, 97, 105, 111, 115, 124, 134, 144, 149

substantivo próprio • NPr, 22, 39, 54, 136, 137

sufixo(s), 31, 33, 35, 40, 42, 43, 44, 45, 46, 47, 48, 52, 53, 54, 65, 67, 68, 69, 70, 73, 74, 79, 86, 91, 92, 97, 98, 99, 100, 101, 102, 103, 115, 116, 117, 118, 122, 123, 128, 129, 138, 147, 148, 149, 151, 152, 155, 156

- improdutivos, 116, 151
- produtivos, 116, 117, 151

sujeitos factuais, 80

supino, ver *caso gramatical*

t

T, ver *advérbio de tempo*

tempo, 20, 23, 39, 40, 41, 47, 49, 51, 56, 57, 60, 61, 62, 63, 74, 80, 81, 88, 90, 97, 107, 110, 112, 113, 134, 136, 144, 145, 149, 154

tempo • morfema aclítico indicativo de ~, 49

tempo(s) verbal(is), 31, 41, 56, 145

- futuro do indicativo analítico, 49

tempos compostos, 52

teoria acerca de classes de palavras, 27, 28, 31

teoria da complexidade, 16

teoria da gramática, 14, 15, 16, 17, 30, 31, 86, 115, 138, 146

teoria da variação, 15

teoria das entradas neutras, 94

teoria do caos, 16

teoria morfológica, 56, 58, 65, 116, 132

teoria $\overline{X}$, 27, 76, 81, 82, 153

teoria da translação, 155

traços classificatórios, 29, 39, 54, 58, 77, 106, 143, 148, 152

traços contextuais, 78

traços nocionais, 18, 77, 106, 132, 133

traço universal,

- hierarquia pré-contextual, 61, 132
- hierarquização, 39, 152
- nocionais, 18, 39, 77, 105, 106, 132, 133, 135, 144

tradição gramatical, 32, 35, 38, 41, 49, 143, 147, 148

transformação, 68, 76, 79, 92, 123

transformacionalista, gramática ~, 76, 78, 80, 81

transitoriedade, 42, 43, 47

translação, 69, 155

translativos, 67, 68

transparência *(morfologia)*, 117

truncamento, 96

V

variação • teoria da ~, 15

verbo(s), 21, 23, 30, 31, 33, 34, 35, 36, 41, 42, 43, 44, 45, 46, 48, 49, 50, 51, 52, 53, 55, 56, 57, 59, 62, 66, 67, 68, 69, 73, 77, 79, 80, 81, 82, 83, 84, 85, 86, 87, 88, 89, 90, 91, 92, 93, 94, 95, 97, 98, 100, 101, 102, 105, 110, 112, 113, 115, 122, 129, 130, 132, 134, 144, 145, 148, 149, 154, 155
- auxiliar, 49, 50, 51, 52, 53
- de ligação, 34, 49, 51, 52, 53, 62
- desinência(s), 31, 33, 34, 35, 40, 41, 42, 43, 44, 45, 46, 47, 48, 49, 51, 52, 53, 57, 65, 67, 70, 73, 74, 79, 80, 81, 82, 91, 113, 115, 128, 129, 138, 147, 148, 149, 150, 155
- forma nominal do ~, 42, 48
- formas nominais do ~, 41, 48, 50
- locução, 49, 52, 65, 69
- tempo composto(s), 52
- tempos verbais, 31

verboide(s), 42, 43, 115, 149

vocábulo(s), 30, 31, 32, 35, 36, 43, 44, 48, 53, 63, 72, 74, 79, 81, 82, 84, 98, 117, 124, 125, 130, 131, 146, 150, 152, 156

vogal temática, 32, 33, 42

voz, 32, 33, 44, 63
- ativa, 32
- depoente, 32
- passiva, 33, 44, 63

nota
sobre o autor

Luiz Antonio Gomes Senna é doutor em Linguística Aplicada pela Pontifícia Universidade Católica do Rio de Janeiro (PUC-Rio), tendo se especializado ao longo de sua carreira no estudo dos problemas teórico-descritivos relacionados à representação mental do processo de letramento. Na condição de professor adjunto da Faculdade de Educação da Universidade do Estado do Rio de Janeiro (UERJ), atua como docente e pesquisador do Programa de Pós-Graduação em Educação e é líder do Grupo de Pesquisa Linguagem, Cognição Humana e Processos Educacionais, no qual foram empreendidos os estudos que resultaram na produção desta obra.

Os papéis utilizados neste livro, certificados por instituições ambientais competentes, são recicláveis, provenientes de fontes renováveis e, portanto, um meio responsável e natural de informação e conhecimento.

FSC
www.fsc.org
MISTO
Papel produzido
a partir de
fontes responsáveis
FSC® C103535

Impressão: Reproset
Abril/2021